당신만의 매력과 능력을 스피치로 이끌어내는 방법

내성적인 당신을 위한
스피치 솔루션

당신만의 매력과 능력을 스피치로 이끌어내는 방법
내성적인 당신을 위한 스피치 솔루션

초판 1쇄 발행 2024년 03월 26일

지은이 이승은
펴낸이 장현수
펴낸곳 메이킹북스
출판등록 제 2019-000010호

디자인 최미영
편집 최미영
교정 안지은
마케팅 김소형

주소 서울특별시 구로구 경인로 661, 핀포인트타워 912-914호
전화 02-2135-5086
팩스 02-2135-5087
이메일 making_books@naver.com
홈페이지 www.makingbooks.co.kr

ISBN 979-11-6791-512-2(03700)
값 16,800원

ⓒ 이승은 2024 Printed in Korea

잘못된 책은 구입하신 곳에서 바꾸어 드립니다.
이 책의 전부 또는 일부 내용을 재사용하려면 사전에 저작권자와 펴낸곳의 동의를 받아야 합니다.

홈페이지 바로가기

메이킹북스는 저자님의 소중한 투고 원고를 기다립니다.
출간에 대한 관심이 있으신 분은 making_books@naver.com로 보내 주세요.

당신만의 매력과 능력을 스피치로 이끌어내는 방법

내성적인 당신을 위한 스피치 솔루션

이승은 지음

* 면접에서 턱이 너무 떨려서 아무 말 못하고 나온 '나'
* 발표 전에 청심환 3알까지 먹어본 '나'
* 지금은 한 달 평균 500~1,000명 앞에 서고 있습니다.

기업체, 공공 기관 등 다양한 현장 스피치 강의와
의사, 변호사, 공무원 등 각 분야 전문가 대상 스피치 코칭
교육 프로그램을 쉽고! 편안하게! 한 권으로 만난다!

메이킹북스

차례

프롤로그   008

Step 1. 나 자신과 친해지다

01. 내성파에게 어려운 질문 '당신은 누구십니까?'   014
02. 내성파에게 발표가 기회인 이유   019
03. 나의 감정과 만나기   023
04. 나 인정하기   031
05. 나 채우기   039
06. 자신감 쌓아가기   046

Step 2. 스피치에 자신감을 더하다

01. 불안은 이유를 정확히 아는 순간 약해진다   056
02. 안정적인 호흡 만들기   067
03. 힘 있는 발성 만들기   070
04. 정확한 발음 만들기   076
05. 말의 집중도를 높이는 강조기법   085
06. 스피치를 보여주는 비언어 커뮤니케이션   091
07. 후회 없는 스피치를 위한 준비 단계   104

Step 3. 스피치에 원하는 내용을 담아내다

01. 스피치 내용 준비 방법   114
02. 뇌를 자극하여 풍성한 이야기 끌어내기   117
03. 논리적인 스피치 방법   122
04. 스피치에 설득력 더하기   126
05. 마음을 움직이는 가장 큰 힘, 공감   130

이 책은 많은 시간을 내어 스피치 수업에 참여하기 어렵거나, 누군가에게 조언을 구하기 주저하게 되는 분들에게 도움을 드리고자 [셀프 작성표]를 포함하였습니다.

책을 읽으면서 나오는 [셀프 작성표]를 편안한 마음으로 차근히 작성해가며 따라가 보면, 내면의 힘에서 나오는 자신감과 실력을 높이시는 것에 도움을 받으실 수 있을 것입니다.

〈프롤로그〉

"심하게 내성적인데 저도 발표를 잘할 수 있을까요?"
"저는 자신감이 너무 없어서 누군가 앞에 서는 것 자체가 괴로워요."
"말을 잘하는 사람, 당당한 사람은 타고나는 것 같아요. 저는 불가능할 것 같습니다."
그동안 저에게 털어놓으신 고민들입니다.

10년 넘게 기업체 스피치 강의나 1:1 스피치 코칭을 통해서 많은 분들을 뵙고 고민 상담을 해드리면서 배운 것이 있습니다. 스피치 기술부터 알려드리는 것은 억지로 무언가에 끼워 맞추도록 요구하는, 어색하고 힘든 과정임을 알았습니다.

무엇보다 가장 중요한 것은 자신을 제대로 이해하고 진짜 자기를 발견해 나가는 것입니다.
내면의 긍정적인 힘을 바탕으로 스피치를 준비하여 외부와 소통할 때 진정한 실력이 나오고 편안함과 행복도 올라간다는 사실을 깨달았습니다. 그래서 제 강의와 코칭에는 스피치 실력을 올리는 방법과 더불어 심리학 내용도 담겨 있습니다.

덕분에 학창 시절 힘든 트라우마를 겪어서 누군가 앞에서 눈 맞춤도 어려웠던 분들, 저처럼 너무나도 부끄러움이 많아서 사람들 앞에만 서면 목소리 자체가 안 나와서 고통스러웠던 분들 등 스피치에 대한 두려움을 갖고 계셨던 많은 분들이 다시 자신감을 갖고 발표에 임하게 되고 삶 전체에도 만족도가 올라갔다고 해주셨습니다.

15년 동안 만난 소중한 경험들과 노하우를 책으로 나누고 싶습니다.

Step 1.

나 자신과 친해지다

 **01. 내성파에게 어려운 질문 '당신은 누구십니까?'**

· · · · ·

　밖에서 누군가를 만난 시간의 2~3배 이상은 혼자 있어야 에너지가 충전되는 내성파. 여러 사람 사이에서 진수성찬 식사를 하는 것보다 차라리 혼자서 김밥이나 빵으로 간단하게 한 끼 먹는 것이 훨씬 마음 편안한 내성파. 아무랑도 대화하지 않고 종일 집에서 나 혼자만의 시간을 10일 이상도 가질 수 있는 내성파.

　내성파에게 가장 어려운 질문 중 하나로 '당신은 누구십니까?', '당신을 표현해 주세요.'라는 말을 꼽을 수 있습니다. 사람들 앞에서 구체적으로 긴말을 하는 것 자체도 쉽지 않은데 '나'를 주제로 질문을 던지다니 뭔가 더 오글거리고 어색하기만 하죠. 당황하면 상대방이 불편을 느낄까 봐 최대한 티를 내지 않으려 마음을 다잡아 보아도 나에 대해 말하려고 하면 도대체 어디부터 어떻게 말해야 하는지 머리가 하얗게 되는 경우가 많은데요, 하지만 다시 생각해보면 나에 대해 생각하고 말한다는 것이 어색하고 불편한 일이어서는 안 됩니다. 나의 시작인 '나'를 잘 알고 잘 표현하는 것은 당연하고 가장 쉬운 일이 되어야 하는 게 맞습니다.

내가 이 세상에 존재하지 않는다면 나의 소중한 가족과 친구들 그리고 내가 아끼는 나의 휴대폰과 가방, 취미생활과 일 모든 것이 의미가 없겠죠.
모든 존재의 시작은 '나'고, 내가 가장 먼저 알게 된 사람도 '나'이며, 가장 친숙하게 알고 있어야 하는 존재도 바로 '나'입니다.

스피치의 시작 또한 나에 대한 존재감 인식과 자신감입니다. 나를 잘 알고, 이해하고 친한 상태가 되어야 나의 생각을 표현하고 내가 준비한 발표를 표현하는 스피치가 가능해집니다.
나에 대해 어떻게 말해야 할지, 어떤 내용으로 구성을 얼마만큼 해야 하는지 머리가 복잡하다면 모든 부담감을 내려놓고 아래 질문에 내용을 작성해봅시다. 멋있어 보이거나 대단해 보일 필요가 전혀 없습니다. 존재 자체로 충분한 나에 대해 편안하게 생각해보면서 떠오르는 단어와 문장들을 나 혼자만 보는 이 공간에 자유롭게 적어보길 바랍니다.

〈내가 알고 있는 나에 대해 자유롭게 써 볼까요?〉

셀프 작성표

〈나를 자유롭게 비유해 봅시다.〉

셀프 작성표

색깔 -

동물 -

꽃 -

캐릭터 -

〈내가 가장 좋아하는 것과 싫어하는 것은 무엇인가요?〉

셀프 작성표

내가 가장 좋아하는 것과 그 이유

내가 가장 싫어하는 것과 그 이유

Step 1. 나 자신과 친해지다

<내가 가장 자신 있는 것은 무엇인가요?>

셀프 작성표

02. 내성파에게 발표가 기회인 이유

• • • • •

　극내성파는 아주 친한 사이가 아닌 사람들과 있지 않은 이상 사적인 자리에서 많은 말을 하지 않습니다. 친구들 모임에서도 고개를 끄덕이며 들어주는 편이고, 학교나 회사에서 그룹이 모여 회의를 하는 경우에도 사람들의 의견을 들으며 속으로만 여러 생각을 하고 있는 편이죠.

　이 글을 쓰고 있는 저 또한 매우 내성적이다 보니 사적인 자리에서 긴 말을 했던 기억이 머리에 거의 남아 있지 않을 정도입니다. 그 자리에 있는 누군가가 저를 향해 질문하지 않았는데 먼저 말을 한다는 건 많은 복잡한 생각에 저를 빠져들게 했는데요, 다른 사람들에게 피해를 주지 않는 적당한 타이밍을 정확하게 찾아서 입을 열어야 할 것 같고, 말의 내용 또한 모두에게 유익하거나 재미있지 않으면 누군가가 저를 향해 '쟤 왜 저렇게 재미없지?' 혹은 '쟤 저렇게 부족한 사람이었어?' 속으로 욕하거나 실망하게 될 것 같은 두려움도 있었습니다. 이런 오만가지 생각 속에 '그럼 언제 말할까? 그냥 말하지 말까?'를 반복하다 그 자리는 끝나게 되었죠.

　내성파는 먼저 질문해주고 진심으로 들어주는 사람들이 있지 않는 이상 먼저 길고 자세하게 말을 하는 편이 아니기에 속한 곳에서 자신의 의견을 밖으로 드러내고 자신이 원하는 방향으로 결과를 적극적으로 끌고 가지 않고 보통은 다른 사람들 의견에 따라주는 경우가 많습니다. 하지만 때로는 너무나도 나의 의견과 다르고 기준과 맞지 않아서 속으로 스트레스를 받으면서도 '많은 사람들이 말한 대로 가는 게 맞는 거겠지?'라고 나 스스로를 설득시키며 힘든 부분을 참고 또 참는 경우가 많습니다.
　여러 의견과 생각들을 참은 건데 그것을 잘 모르는 사람들은 "아, ○○는 의견이 없구나?"라고 하면서 목소리 큰 사람들의 의견대로 모든 것을 결정하는 경우가 있죠. 이런 과정을 겪으면 소외되는 감정도 들고, 오랜 시간 참아온 힘든 과정들은 쌓이고 쌓여 나중에 폭발해서 관계에 문제가 생기거나 다니고 있던 소중한 직장을 내가 먼저 나가게 되는 경우가 생기기도 합니다.

　사람은 누구나 자신이 속한 곳에 자신의 의견이 반영되길 바라고, 자신이 존중받길 바랍니다. 그런데 앞의 상황처럼 평상시에 여러 상황과 함께하는 사람들의 기분, 상태 등 모든 것을 자세하게 느끼고 살피는 내향형의 사람들에게는 자신의 의견을 편하게 말하는 것이 어려운 경우가 많은데요, 내가 100% 신뢰하지 않는 사람들 6명이 있는 카페에서 나의 의견을 말하는 것은 마치 여러 변수가 어떻게 치고 나올지 모르는 정글처럼 느껴지기도 합니다. 반면에 발표 자리는 준비 시간 동안 긴장이 되긴 하지만, 발표자가 안전하게 말할 수 있도록 크고 높은 보호막이 주변을 둘러싸고 있고, 청중들은 꽤 거리를 둔 위치에 존재하는 그런 그림을 상상해 볼 수도 있지 않을까요?

그래서 발표는 잘 생각해보면 내향형에게 더 소중하고, 딱 맞는 자리인 것이죠.

발표의 자리는 공적으로 정해진 시간과 장소에 관련된 사람들 앞에서 나의 목소리를 낼 수 있습니다. 모두가 동의한 허락된 시간이기에 '지금 내가 말해도 되나?' 눈치를 안 봐도 되고, 내가 말하고 있는 시간 동안 누군가가 끼어들며 자신의 말을 이어가지도 않기 때문에 원하는 타이밍에 중간에 쉬기도 하고 속도 조절도 해가면서 하고 싶은 내용을 충분히 전달할 수 있습니다.

그리고 한 가지 이유가 더 있습니다.

제가 15년 동안 다양한 조직에서 강의하면서, 조별로 앉은 상태로 서로의 의견을 말해보거나 다 같이 하나의 주제로 내용을 준비하고 발표를 진행하다 보면 앞의 두 시간 동안 쉬는 시간을 포함하여 가장 조용했던 분들이 가장 큰 호응을 얻는 의견을 내거나 모두가 깜짝 놀라도록 진정성이 느껴지는 발표를 하시는 경우를 많이 보았습니다.

내성적인 성격, 에너지가 자기 내부 방향으로 향하고 있는 내향형인 사람들은 떠오르는 생각을 바로 밖으로 뱉지 않고 속으로 여러 번 생각하고 수정하고 보완해가고 다시 깊이 생각하는 시간이 더 길어서 아직 표현하지는 않았지만, 더 좋은 아이디어, 더 좋은 개선안들을 갖고 있는 경우가 많고, 발표의 기회는 그런 숨은 능력을 발휘하게 하고 인정받게 만들어주는 소중한 순간이 되는 것입니다.

단어 자체로 부담스러워서 무조건 싫은 존재로 생각했던 '발표'가 다시 한번 생각해보면 나의 의견을 밖에 알릴 수 있는 안전한 순간을 제공해주고 나의 숨은 능력을 밖으로 꺼내어 빛나게 해주는 참 고마운 존재인 거죠.

"발표야, 너를 불편한 존재로 오해해서 미안해.
나에게 도움이 되어주는 고마운 존재였구나?
너를 이제 어려워하지 않을 거야. 친하게 지내자."

 **03. 나의 감정과 만나기**

· · · · ·

우리는 하루하루 정말 최선을 다해 살아갑니다. 가끔은 물 한잔을 언제 마셨는지 기억이 나지 않을 정도로 열심히 이것저것 할 일에 몰두하며 밤을 맞이하고 침대에 몸을 스르륵 눕히고 나서야 얇은 한지를 물감에 담갔을 때 점점 물들어 색이 입혀지는 것처럼 천천히 자신의 감정이 느껴지기 시작합니다.

크게 나누면 보통 두 가지 중 하나의 상태가 되죠. 한숨을 쉬면서 이마에 인상이 찌푸려지거나 눈물이 울컥 올라오면서 답답한 고민이 나를 한 번 더 괴롭히거나, 흥얼흥얼 저절로 나오는 콧노래를 부르며 아무 일 없이 편안한 상태를 즐기기도 합니다.

그런데 문득 그런 생각이 듭니다. 감정은 매우 다양한데 오늘의 감정은 어땠고 지금의 감정은 정확히 무엇인지 헷갈리고, 생각할수록 까만

상자 안을 들여다보듯이 답답하기도 합니다.

한숨이 나오는 지금 자신의 감정은 어떨까요? 강의를 통해 만나 온 수많은 분들에게도 오늘의 감정 혹은 최근의 감정을 질문드리면 그 감정에 따라 바로 표정이 그 답을 먼저 말해줍니다.

최근에 힘든 일이 많았던 분들은 괜찮은 척, 주변에 걱정을 끼치지 않기 위하여 애써 미소지어 보이지만 힘을 준 눈 근육 뒤로 꾹 누르고 있는 슬픔이 느껴지고 입술을 꽉 다문 채로 울음을 참는 듯한 표정이 됩니다.

반대로 준비했던 일이 잘 성사되고, 고민하던 일이 해결되어 요즘 기분이 좋다고 하시는 분들은 아직 감정에 대해 한마디도 하지 않았지만 바로 눈을 크게 뜨면서 이마가 펴지고 입꼬리와 볼 근육이 전체적으로 위로 올라가면서 멀리서 봐도 기쁜 마음이 느껴지는 표정이죠.

하지만 대부분 사람들이 수백 가지의 얼굴 표정 변화에 뒤를 이어 나오는 답으로 "요즘 좋아요." 혹은 "힘들어요." 이 두 가지 중 하나고 "정확한 감정은 잘 모르겠어요."라고 말씀하시며 정확하게 어떤 답이 떠오르지 않고 느낌만 두둥실 머리에 맴돈다고 말합니다. 왜 그런 것일까요?

크게 두 가지로 생각해볼 수 있는데,

첫 번째 이유를 보면, 우리는 어릴 적부터 나 자신이 아닌, 상대방 감정을 살피는 것에 더 익숙하게 살아온 경우입니다. 친구랑 게임을 하다가 갑자기 친구의 말수가 적어지면 자기 때문에 감정이 상한 게 아닌지 괜찮은지 살피게 되고, 집에 들어갔는데 엄마의 밝은 목소리가 안 들려오면 무슨 일인가 하며 온종일 엄마의 눈치를 보게 되죠. 모든 것을 혼자 할 수 있는 어른이 되면 눈치 보는 생활에서 벗어나는 줄 알았지만 이게 웬걸, 아르바이트하면서 처음 접해보는 고객이라는 존재에 대하여 하루에도 수십 명, 수백 명의 사람 감정을 살피며 만족을 시켜드리기 위해 내 목소리를 더 친절하게 바꿔보기도 하고, 몸을 더 숙여서 응대해보기도 하며 최대한 모든 것을 바꿔가며 애씁니다.

그다음 단계, 이제 진정한 자신의 직업을 갖고 일하게 되는 순간 평생 밥벌이라는 생각에 그 부담감은 몇백 배로 커지고 더욱 자신의 거래처, 고객, 환자, 학생들… 나의 고객이라는 존재를 위해 상대방님의 감정에 만족이 더해지고 있는지 기쁨이 차오르고 있는지 매우 섬세한 노력을 하며 영혼을 갈아 넣기 시작하죠.

이렇게 수십 년을 살다 보니 자기 자신의 감정에 대해 생각해보는 것 자체가 매우 어색하고 어려운 일이 되는 것입니다.

그리고 두 번째 이유는 지금까지 성장해온 환경이 영향을 미친다는 것입니다. 예를 들어 감정 표현이 가족 안에서 존재하지 않았던 가정에서 성장하게 되는 경우 밖에서 아무리 힘든 일, 슬픈 일을 겪어도 집 문을 열고 들어가는 순간 가면을 쓰듯이 그 모든 이야기와 감정들을 꼬깃 꼬깃 내 안에 넣어놓게 됩니다.

그러다 보니 눈물을 참는 것, 부정적인 감정을 누군가에게 말한다는 것은 밖에 나가서 옷을 홀딱 벗고 서 있는 듯한 매우 부끄럽고 가끔은 수치스럽다고 하는 분들도 있습니다.

우리 주변을 둘러보면 자신의 느낌과 생각을 표현하지 못하거나, 자신의 속마음과 다르게 화내듯이 툭툭 던지는 말을 하는 사람들을 보면 '도대체 왜 저러지?'라는 생각이 들기도 하는데요, 어린 시절에 관한 이야기를 나누는 활동을 해 보면 앞의 내용처럼 어린 시절 감정 표현을 통제당하는 집안 분위기에서 자랐거나, 자신의 감정을 자유롭게 말하고 그 말을 들어주는 상대방이 없이 성장한 경우가 많은 것을 보게 됩니다.

그렇게 성인이 된 지금 감정을 들여다보고 말하려 하니 당연히 갑자기 외계인 언어를 하는 듯한 어색함이 들 수밖에 없죠. 만약 이 글을 읽는 여러분도 이 내용에 해당한다면 잠시 독서를 멈추고 눈을 지그시 감고 두 손을 내 가슴에 대고 토닥토닥하며 '괜찮아, 지금부터는 나의 감정을 무엇이든지 말해도 되고, 모든 감정은 다 소중한 거야.'라고 따뜻한 목소리로 천천히 말해주면 좋겠습니다. 입 밖으로 소리 내어 말하기 어색하다면 마음속으로 자신을 향해 두세 번 정도 정성껏 말해주십시오.

TO. 나에게

"괜찮아, 지금부터는 나의 감정을 무엇이든지 말해도 되고, 모든 감정은 다 소중한 거야." 토.닥.토.닥

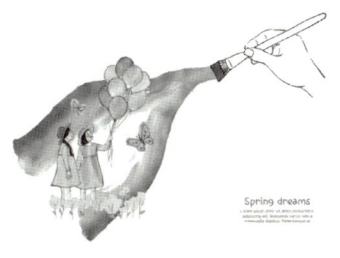

감정이란 무엇일까요? 감정이란 어떤 현상이나 일에 대하여 일어나는 마음이나 느끼는 기분을 말합니다. 예를 들어 카페를 지나가는데 카페 안에서 두 남녀가 대화를 나누고 있습니다. 그 모습을 보면서 현재 사랑하는 사람이 떠오르면서 마음이 설렐 수도 있고, 예전에 나랑 사귀다가 크게 싸우고 헤어진 사람이 갑자기 떠오르면서 분노가 치밀 수도 있겠죠. 혹은 저렇게 누군가와 편안하게 이런저런 이야기를 나누고 싶다는 생각이 들면서 마음이 평온해지고 행복해질 수도 있을 겁니다.

이렇게 똑같은 한 장면을 보아도 사람마다 갖게 되는 감정이 매우 다양한데요, 이 감정 중에 가지면 안 되는 금기시되는 나쁜 감정이 있을까요? 아닙니다. 감정은 말 그대로 어떤 현상이나 일에 대하여 일어나는 마음이나 기분이기 때문에 나쁜 것, 좋은 것으로 나눌 수 없고 모든 감정은 다 있는 그대로 존중받아야 합니다.

감정은 몇 가지가 있을까요? 우선 여러분이 알고 있는 사람의 감정을 표현하는 단어를 모두 적어볼까요?

<내가 알고 있는 사람의 감정을 표현하는 단어를 모두 써주세요.>

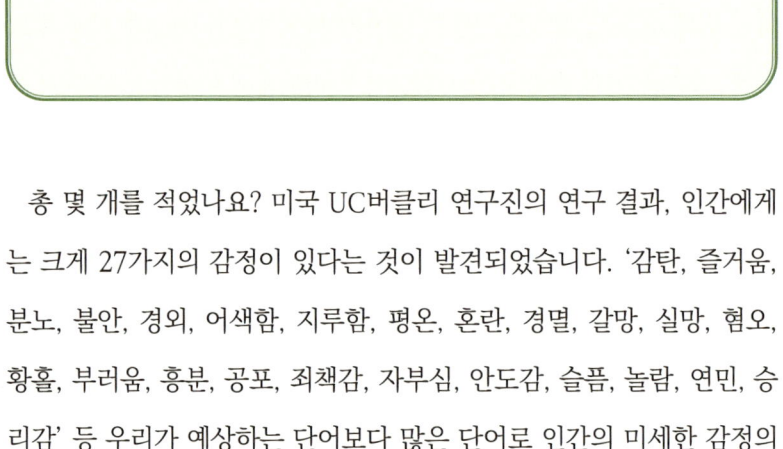

총 몇 개를 적었나요? 미국 UC버클리 연구진의 연구 결과, 인간에게는 크게 27가지의 감정이 있다는 것이 발견되었습니다. '감탄, 즐거움, 분노, 불안, 경외, 어색함, 지루함, 평온, 혼란, 경멸, 갈망, 실망, 혐오, 황홀, 부러움, 흥분, 공포, 죄책감, 자부심, 안도감, 슬픔, 놀람, 연민, 승리감' 등 우리가 예상하는 단어보다 많은 단어로 인간의 미세한 감정의 변화를 표현할 수 있음을 알 수 있습니다.

해당하는 모든 단어를 한 번에 쭉 읊을 수 있을 만큼 모두 외우고 있을 필요는 없습니다. 하지만 적어도 감정을 들여다볼 때 최대한 자세하게 파악하는 것이 중요한데 예를 들어서 몸이 아파서 병원에 갔는데 의사 선생님이 '몸이 안 좋네요, 조심하세요.'라고 한다면 어떨까요? 어떤 병인지 모르기 때문에 빠른 치료도 어려워지고 병을 예방하는 방법도 당연히 물음표로 끝날 것입니다.

우리의 감정도 마찬가지입니다. 모든 부정적 감정에 '에이씨, 기분 나빠.' 이렇게 한마디로 '슬픔, 실망, 혼란, 경멸, 혐오, 어색함, 지루함' 등을 구분 없이 인식하고 표현한다면 어떤 감정인지 정확하게 모르기 때문에 다음 해결책 혹은 내 감정에 딱 맞는 자신을 향한 위로 또한 어려워질 것입니다.

<현재 자신의 감정을 최대한 구체적으로 적어봅시다.>

셀프 작성표

<내가 느낀 감정 중 힘들었던 감정에 대해 생각하고,
힘들었던 자신을 위로하는 편지를 써볼까요?>

TO. 이 세상에서 가장 소중한 나에게

 **04. 나 인정하기**

· · · · ·

요즘 SNS에 멋진 사진이 굉장히 많습니다. 카페에서 이런 사진을 어떻게 찍었지 생각이 드는 위에서 찍은 드론샷도 있고, 광고 사진으로 사용해도 될 만큼 배경과의 조화가 매우 완벽한 사진도 감탄을 자아냅니다. 그리고 카페에 다니다 보면 완벽하고 멋진 사진의 탄생이 어떤 노력을 통해 나왔는지 알게 되는 과정을 직접 보게 되기도 하죠. 발레리나 발 정도의 까치발을 하기도 하고, 허리를 꺾은 뒤 팔을 최대한 뻗은 유연성의 최고 상태를 보게 됩니다.

분명히 "언제 나오지? 나 오늘 온종일 굶어서 너무 배고파. 빨리 나오면 좋겠다."라고 하면서 기다렸는데 왜 포크가 아닌 핸드폰 카메라가 먼저 가는 것일까요?

SNS에 오늘 업데이트되는 게시물 후보를 열심히 만드는 중일 것입니다. 조금씩 각도를 다르게 해서 찍은 30개의 사진을 넘기며 어떤 사진을 올려야 더 반응이 좋을까, 더 사랑받을 수 있을까 다방면으로 고민 후 살짝 색 보정으로 음식에 생명을 불어 넣어준 후 사진을 조심스레 올리죠. 업데이트 후 1분 뒤, 5분 뒤, 10분 뒤 내 손가락은 자꾸만 '새로 고침'을 하며 몇 개의 하트가 눌렸는지, 그리고 누가 게시물에 댓글을 썼는지 너무 궁금한 마음에 실시간 확인을 하는 자신을 발견하게 됩니다.

강의로 만난 분 중에서 30대 후반의 여성분이 아직도 기억에 남습니다. 그분은 초등학생 두 딸을 키우는 한의사인데 평일에 진료 때문에 거의 밤늦게 들어가서 아이들과 시간을 못 보낸다는 미안함 때문에 주말에는 보통 아이들과 캠핑을 가거나 놀이동산에 가서 추억을 만들어주려고 한다고 하셨습니다. 그런데 특이했던 점은 작년부터 자연으로 캠핑을 떠날 때는 휴대폰을 집에 두고 간다고 했는데요, 그 이유를 여쭤보니 여행을 아무리 멀리 가고, 아무리 산속 깊은 곳으로 가도 휴대폰이 있으니 자꾸만 SNS로 남의 게시물을 둘러보느라 바쁘고, SNS 속 경쟁이라도 하듯 자신도 가족의 행복 넘치는 사진 한두 장쯤은 주말에 올려야 된다는 강박에 사로잡히게 되어서 아이들이 뛰노는 모습을 있는 그대로 바라보는 게 아니고 '고개 똑바로 하고 여기 쳐다봐, 표정 그게 아니지, 웃어봐, 웃어봐!'라고 행동을 강요하며 휴대폰 카메라를 통해서만 아이들을 보고 있다는 게 가족에게 너무나도 미안해졌다고 했습니다.

우리 가족 사진에 SNS 속 공감 하트가 많으면 행복한 가족이고 공감 하트가 친구보다 적으면 불행한 가족일까요?

우리는 누군가에게 인정을 받기 위해 예쁘게 몸을 단장하거나, 열심히 공부하거나, 열정적으로 일해서 성과를 내거나 여러 가지 노력을 하며 살아갑니다. 그 대상자는 부모님이 될 수도 있고, 내가 존경하는 스승님, 나의 친한 친구 혹은 내가 사랑하는 이성 친구나 배우자가 될 수도 있습니다.

자신이 가장 인정받고 싶은 대상자는 누구이며, 어떤 노력을 하고 있나요?

솔직한 자기 생각을 떠오르는 대로 아래 상자에 써보면 좋겠습니다.

< 가장 인정받고 싶은 대상자는 누구이며,
인정받기 위해 어떤 노력을 하고 있나요? >

"위에 적은 노력을 안 한다면….
어떤 일이 일어날까요? 그 대상자는 당신에게 어떤 반응을 보일까요?"

셀프 작성표

위의 두 칸에 모두 내용을 적어보았나요?

교육생분 중 건축사업을 하고 계신 50대 후반의 남자분이 계셨는데, 취미를 여쭤봤더니 "아이고 팔자 좋게 제가 하고 싶은 거 할 시간이 어딨어요. 열심히 돈 벌어야죠. 집에 돈 안 가져다주면 아내한테 사람 취급도 못 받을걸요."라고 말씀하시면서 결혼 후 거의 20년을 일에만 집중했다고 하셨습니다. 그 이야기에 참 가슴이 아팠습니다.

자신이 큰돈을 벌어올수록 배우자가 자신을 인정하고 사랑해준다고 생각하고 계셨기에, 퇴근 후에도 거래처 관계자 한 사람이라도 더 만나서 친분을 쌓기 위해 시간을 보내고, 주말에는 거래처 대표들과 모이는 골프 모임이나 부동산 공부를 위한 모임에 나가 더 큰돈을 벌기 위해 애쓰고 계셨습니다.

물론 어떤 동기가 되었든 인생 목표를 세우고 무언가를 열심히 한다는 것은 참 훌륭하고 좋은 일입니다. 하지만 남의 인정을 위해 주변에 더 소중한 것을 보지 못한 채 경기장에 나온 말처럼 앞만 보고 뛰어간다면 지나간 세월의 아쉬움은 어떻게 보상할 수 있을까요? 자신이 스스로 마음속으로 찍어놓은 그 인정받고 싶은 대상자에게 오히려 '당신 때문에 난 불행했어. 당신 때문이야.'라고 원망을 하게 될 것입니다.

자신의 삶에 후회가 남고, 사랑하는 상대방에게는 원망을 쏟아붓게 된다니….

그 얼마나 안타깝고 가슴이 아픈 일인가요.

인정 욕구는 누구에게나 있습니다.

심리학자 A. H. 매슬로가 말하는 인간이 탄생할 때부터 가진 욕구 단계에 포함된 인간의 정상적인 욕구 중 하나입니다. 매슬로에 따르면 인정 욕구는 다른 사람에게 인정받고 싶다, 즉 자신이 가치 있는 존재라는 인정을 받고 싶다는 욕구입니다. 이 인정 욕구가 있기에 인간은 항상 노력이라는 것을 하고 건전하게 행동하며 타인과 긍정적인 관계를 맺기 위해 노력을 한다는 것이죠.

문제는 자기 자신을 인정하지 못한 상태로 타인의 인정만을 바랄 때는 오늘 하루 외부로부터 들은 '잘했어, 대단해, 훌륭하다, 역시 최고다.'와 같은 칭찬을 들은 것에 비례하여 행복과 불행한 기분이 정해지고, 외부의 긍정 피드백이 사라지면 나의 목표를 향한 에너지가 같이 사라지면서 포기를 하거나 우울해하며 행동을 멈추는 경우까지 생기는데요, 한마디로 자신을 움직이는 것이, 꼭두각시 인형처럼 외부의 존재에 맡기게 되는 것입니다.

누군가를 위해 열심히 하는 것들, 힘들어도 그 노력 자체가 자기 존재 이유가 되는 것만 같아서 놓지 못하고 아등바등 열심히 잡고 있었던 것을 떠올려보고 과감하게 자신과 분리할 필요가 있습니다.

원하는 얼굴 이미지와 다르게 생겨도 충분히 매력적이고 소중한 당신이고, 공부를 잘하지 못해도 소중한 당신이고, 돈을 안 벌어도 소중한 당신이고, 우울한 마음에 아무것도 안 하고 누워 있어도 소중한 당신입니다. 행위나 조건들과 상관없이 당신 자체로 너무나도 귀엽고 사랑스러운 자기 자신인 것입니다.

어떠한 상황에서도 자신을 가장 먼저 인정해주고 알아주고 칭찬해주는 것이 필요합니다. 우리는 누군가의 만족을 채워주기 위해 살아가는 존재가 아니죠. 자기 스스로 있는 그대로 귀하고 정말 소중하다는 것을 다시 한번 기억하면 좋겠습니다.

<당신이 듣고 싶은 인정의 말은 무엇인가요?
자신에게 진심으로 말해주면 좋겠습니다.>

 **05. 나 채우기**

• • • • •

"취미가 무엇인가요?", "특기는 무엇인가요?"라는 질문에 3초 안에 대답할 수 있으신가요? 취미와 특기를 묻는 질문에 '없는데요.'라는 말을 속으로 하면서 이 질문이 세상에서 가장 부담스럽다고 하는 사람들이 생각보다 많습니다.

해야 할 일들을 다 끝내고 시간 여유가 생기고 혼자 집에 있을 때, 마치 많은 사람이 나를 지켜보고 나는 무대 위에서 서 있는 듯이 존재 모를 누군가의 눈치를 보는 듯한 느낌이 들고, 일하는 행동이 아닌 다른 것을 하면 마치 죄를 짓고 있는 것 같은 불편한 느낌. 경험해 본 적 있으신가요?

어느 날 강의를 하며 20대에서 50대까지 다양한 연령대가 있는 남자

교육생분들과 함께 취미에 대해 간단히 작성하고 조원들끼리 서로 이야기 나누는 시간을 가지게 된 적이 있습니다. 많은 분들이 바빠 죽겠는데 그런 게 어디 있느냐고 하며 민망한 분위기가 되어 강의 분위기가 안 좋아지는 것은 아닌지 살짝 걱정도 되었습니다.

 그런데 이게 웬걸, 그날 총 6시간 중에 가장 조원끼리 대화가 끊이지 않고 풍성했으며, 표정은 점심시간보다도 더 밝고 행복한 미소와 눈빛에는 생기가 가득 차서 마치 파티장 같은 분위기가 되었습니다. 카리스마 가득한 눈빛에 말수가 적으신 분이었는데 취미를 떠올리는 순간 눈이 하트 모양으로 초롱초롱해지시면서 "주말에는 무조건 낚시지, 근데 저는 물고기 잡으면 바로 다 놓아줘요. 물고기랑 눈이 마주치면 그걸 어떻게 잡겠어요. 다시 가라고 해줘야지. 암튼 물고기를 잡고 안 잡고를 떠나서 잔잔한 물을 보고 있으면 마음이 아주 편안해지면서 스트레스가 다 녹아. 너무 행복해요."라고 낚시 사랑 이야기를 줄줄 풀어내셨습니다. 이렇게 낚시 사랑 모임이 다섯 분 정도가 큰 공감을 하며 마음으로 하나가 되어 낚시용품과 좋은 장소에 대해 정보공유를 하시며 점점 끈끈해져 갔죠.

 또 다른 한 분은 "저는 결혼을 늦게 해서 애가 아직 어린데요, 딱 퇴근하면 그때부터 아빠는 자기가 찜콩! 애가 내 옆에서 안 떠나요. 계속 같이 놀아줘야 하는 거죠. 공룡놀이를 시작으로 같이 레고 놀이 해주고 색종이로 원하는 거 해줘야 밤에 잡니다. 만족 안 하면 애가 안 자요. 사실 일하고 들어가면 몸이 너무 피곤하긴 한데 얼마나 행복한지 몰라요. 중학생 되고 그러면 내가 놀자고 해도 나랑 안 놀아줄 거 아니에요. 허허허." 웃으며 아이와 함께 하는 시간이 가장 좋다는 이야기로 육아 중이신 분들의 공감을 받으며 마음이 이어져서 하나가 되어가고 계셨습니다.

그렇게 마음이 이어져서 낚시가 가장 좋은 낚시파, 아이랑 같이 노는 시간이 가장 행복한 육아파, 시간이 날 때마다 차를 끌고 자연으로 들어가시는 캠핑파, 맥주 마시며 영화 보는 게 가장 좋다고 하시는 맥주영화파 등 다양한 의견들이 나오고 취미 이야기로 시끌시끌 기분 좋은 웃음소리와 말소리가 가득해졌습니다.

나 자신이 가장 좋아하는 것을 떠올리고 밖으로 표현해보는 순간 우리 머릿속은 긍정적인 기억으로 가득해지면서 편안하고 기분 좋은 상태가 되는 거죠.

반대로 "저는 좋아하는 거 없는데요? 회사에서 정신없이 일하고 들어오면 애들 밥 먹이고 숙제 봐주고... 그렇게 사는 거죠. 24시간도 부족해요."라고 말씀하시면서 목소리와 눈빛에서 무언가 억누르고 있다는 힘든 감정이 느껴진 경우도 있었습니다.

속이 텅 비어 있는 상한 식물의 가지는 약한 바람에도 바로 흔들리지만 건강한 뿌리에서 올라오는 속이 꽉 찬 식물의 가지는 거센 바람에도 굳건히 버티고 아름다운 꽃을 피워낼 수 있습니다.

스피치를 하다 보면 나의 내면 상태가 밖으로 드러나게 됩니다. 약한 가지를 부여잡고 누군가 앞에서 말을 한다는 것은 나에게 굉장히 고통스러운 순간이 될 수 있습니다.

불안이 아닌 편안함이 가득한 상태에서 행복한 스피치의 순간을 만들 수 있다는 것, 이는 결국 스피치의 더 좋은 결과로 이어진다는 것을 꼭 기억해주십시오.

누군가가 여러분에게 취미가 무엇인지 물어본다면 3초 안에 바로 답하면서 좋은 이유를 신나게 소개할 수 있으신가요? 아래 칸에 자유롭게 작성해보면 좋겠습니다.

<당신은 무엇을 할 때 행복한가요?>

만약 어떤 것을 좋아하는지 잘 모르겠다는 생각이 들어도 괜찮습니다. 지금부터 찾아도 충분합니다.

지금부터 온 에너지를 당신에게만 집중하여 질문합니다. 당신이 가장 좋아하는 것이 무엇인지 아래에 원하는 칸부터 순서에 상관없이 써보길 바랍니다.

셀프 작성표

당신은 어떤 음식을 가장 좋아하나요?	
당신은 어떤 것을 할 때 기분이 좋아지나요?	
당신은 친한 친구랑 어떤 이야기를 나눌 때 좋나요?	
당신은 어떤 색깔 옷을 좋아하나요?	
당신에게 자유로운 1년 휴가가 주어진다면 무엇을 하고 싶나요?	
당신은 어떤 향을 맡으면 기분이 편안해지나요?	
당신은 어떤 장르의 영화를 좋아하나요?	

이렇게 당신은 좋아하는 음식이 있고, 원하는 향기가 있고, 좋아하는 색깔 그리고 잘 맞는 친구 성향이 있습니다. 수더분하게 좋은 티, 싫은 티 안 내면서 성실하게 사느라 바빴는데 자기 자신에게 관심을 두고 깊이 들여다보면 저기 마음속에서 원하는 것을 외치고 있었다는 사실을 알게 되죠. 오늘부터는 모른 척하지 말고 계속해서 무엇이 지금 필요한지, 무엇을 원하고 있는지, 알아주고 채워줘 볼까요?

예를 들어 피자가 갑자기 너무 먹고 싶은데 지금 피자를 주문하기 어려운 상황이라면 식빵에 케첩을 뿌리고 치즈 한 장 올리고 캔 옥수수에 마요네즈 올려서 전자레인지에 돌려서 냉장고에 있는 재료 넣어서 최대한 피자처럼 만들어서 먹어보는 겁니다. 그러면 "에이, 지금 상황에 갑자기 무슨 피자야, 정신 차려라." 하고 자기 자신을 억누르는 것보다 원하는 걸 들어주고 행동해 주는 것만으로 마음속에 귀여운 자기 자신이 방긋 웃으면서 행복해하고 있을 것입니다.

큰 태풍이 몰아쳐도 뿌리가 깊고 튼튼한 나무는 쉽게 꺾이거나 뽑혀 나가지 않습니다.

많은 사람 앞에서 스피치를 하는 발가락부터 떨려오는 그 순간에도 가장 근본적으로 나에게 있어야 하는 것은 나 자신이 원하는 것에 항상 귀기울이며 채워주는 순간들이 쌓여서 자존감의 소중한 원천이 될 것이고, 그 자존감 뿌리는 나를 흔들리지 않도록 잡아주는 중요한 역할을 하게 된다는 것을 꼭 기억하면 좋겠습니다.

 **06. 자신감 쌓아가기**

• • • • •

　우리 인생은 발표의 연속이죠. 어린 시절 학교에서 책 한 페이지 읽기부터 나의 생각 말해보기, 집에서 열심히 준비한 숙제 친구들 앞에서 발표하기를 하며 다수 앞에서 발표하는 첫 번째 경험을 쌓게 됩니다.

　그리고 내가 원하는 대학교에 가기 위해서 혹은 원하는 직장에 들어가기 위해서 난생처음으로 관련 내용을 찾아보고 자기소개를 지웠다가 썼다를 반복하며 면접 준비를 하게 되죠.

　입사가 아닌 사업을 선택하거나 프리랜서를 선택해도 마찬가지입니다.

　누군가의 선택을 받아야 경쟁에서 내가 선택되고, 원하는 기회를 얻어 돈을 벌 수 있기 때문에 거래처와의 미팅 자리에서 혹은 입찰 자리에서 다시 한번 발표의 자리를 종종 만나게 됩니다.

이렇게 발표를 피할 수 없는 우리 인생, 발표는 그야말로 한평생을 따라다니는 존재인데요,

스피치 강의 현장에서 많은 분들이 한숨을 쉬며 발표 자체가 너무 두렵고 긴장된다고 하십니다.

"발표가 너무 싫어요." 같은 이 한마디에도 원인은 모두 다릅니다. 스피치 강의를 하는 저 또한 발표 공포가 굉장히 심했던 사람 중 하나였습니다.

면접 자리에서 너무 긴장하다가 저도 모르게 조금씩 앞으로 걸어 나가서 정신을 차리고 보니 면접관님과 매우 가까워진 에피소드도 있고, 무릎이 너무 심하게 떨려서 면접관님이 잠깐 나갔다 오겠냐고 물어보신 적도 있을 정도입니다.

이유를 모르는 상태로 싫다고 피하기만 한다면 영원히 그 두려움에 사로잡혀 살겠죠. 그러나 발표는 앞에서 말씀드린 것처럼 두렵다고 피한다고 안 만나게 되는 존재가 아니기에, 반드시 마주하고 긴장의 원인을 찾아서 해결해야 합니다.

지금부터 드리는 질문에 천천히 답을 생각해보시면 좋겠습니다.

<1부터 10까지 숫자 중

나의 발표 긴장을 숫자로 표현한다면 어느 정도인가요?>

셀프 작성표

<발표 긴장이 심해지게 된 시점은 언제부터인가요?>

셀프 작성표

위 두 번째 질문, 발표 긴장이 심해지게 된 계기를 만난 과거의 그날로 돌아가 볼까요?

저의 사례를 예로 들면 중학교 1학년 때 반에서 한 명씩 앞에 나가서 노래를 부르는 음악 실기시험 날이 기억납니다. 웃음이 매우 많았던 저는 노래 시험을 보다가 친구와 눈이 마주쳤고 그 순간 웃음이 터져버려서 뒤의 노래 가사를 모두 잊어버린 채 빨개진 얼굴로 자리로 가서 급히 앉았습니다.

결과는 반 꼴등 음악 점수를 받게 되었습니다. 노래를 부르다 말고 웃음을 못 멈추고 자리로 걸어 들어가는 저, 그리고 모든 친구들이 저를 보면서 키득키득 웃었던 그 장면과 꼴등 점수 결과까지 모든 게 너무 부끄러웠습니다. 그날 이후로 발표 자리에만 서면 음악 시험날처럼 발표를 결국 망치고 우스운 꼴이 될 것만 같은 안 좋은 상상만 머리에 가득해지면서 발끝부터 머리끝까지 심하게 떨렸습니다.

여러분도 이런 경험이 있으시다면 과거의 나와 만나서 깊이 마주해 보시면서 당황했던 그날의 나에게 바보 같이 왜 그랬냐는 후회의 말이 아닌, 괜찮다고 따뜻한 위로의 말을 해 주시면 좋겠습니다.

'괜찮아, 그럴 수도 있지. 절대 부끄럽거나 잘못한 일이 아니야.'

그리고 시간이 지나면서 많은 노력과 경험으로 성장을 해 온 '나'이기 때문에 그때의 과거 속 '나'와 다릅니다. 많이 성숙해져 있고, 실력도 생각도 많이 성장해 있겠죠. 그 부분을 자세하게 인식하면서 뿌듯함도 느껴보시고 스스로를 인정해 주시면 좋겠습니다.

발표를 준비하는 과정에서 '나는 못하겠어. 나는 발표가 너무 싫어.'라고 부정적인 생각을 계속 하게 되면 우리 뇌는 더욱 발표가 어려워지는 상태가 되어가는데요, 『단순한 뇌 복잡한 나』라는 책의 저자는 '존재란 존재를 감지하는 뇌 회로가 활동하여 만들어낸 것'이라고 말합니다. 그렇기에 '사실'과 '진실'은 다르다고 말하고 있는데요, 뇌는 진실이 무엇인지 알 수 없고, 그저 수동적으로 주인이 주는 정보로 '~가 사실이구나.'라고만 파악하는 것이죠. 그리고 자기보호 본능과 효율을 중시하는 뇌는 '우리 주인이 하기 싫어하는 일이구나'라고 받아들이면 동기발화가 일어나지 않고 오히려 뇌 기능을 최소화해버린다고 합니다.

반대로 내가 흥미로워하고 좋아하는 일을 하거나 관심 있는 주제에 대해 연구할 때 빠르게 집중 모드로 들어가고 나 자신도 놀랄 만큼 뛰어난 아이디어가 머리에 떠오른 경험 있지 않으신가요?

발표를 준비하며 그리고 사람들 앞에서 발표를 하는 그 순간에도 '내가 관심 있는 주제로 발표하게 되어 설렌다.' '이번 발표는 우리 팀이 같이 준비해서 더 재밌다.'와 같이 긍정적인 평가를 하면 뇌의 이해력과 사고력, 기억력이 향상되어 더 많은 도움이 되어줍니다. 나의 뇌를 어떻게 사용할 것인가는 이제 나의 선택이겠죠.

이제는 새로운 긍정 경험을 하나씩 나에게 쌓아 줄 시간입니다.

이때 중요한 점은 속으로만 나에게 잘하고 있다고 외쳐봤자 그 효과는 미미하다는 것입니다.

시각적으로 실제 변화된 모습을 보면서 긍정 자극을 받고, 긍정 경험을 만들어가는 것이 효과적입니다.

'발표 자리에 설 일이 자주 있는 편은 아닌데 어떻게 긍정 경험을 쌓아가나요?'라는 생각이 드실 수 있는데요, 나 혼자 연습하는 시간을 통해 충분히 가능하기 때문에 그런 걱정은 안 하셔도 됩니다.

중요한 발표를 앞두고 어떻게 연습하시나요?

많은 분께 여쭤보면 책상에 앉은 상태로 프린트한 자료를 계속 훑어보거나, 작은 목소리로 몇 번 말해보고 가는 경우가 대부분이었는데요, 10번 눈으로 읽는 것보다 녹화하며 1번을 제대로 실제처럼 소리 내어 발표해보고 나의 모습을 확인하는 것이 훨씬 더 효과적입니다. 휴대폰 카메라로 연습 모습을 촬영하고 녹화 영상을 보면서 잘하는 부분은 인정, 부족한 부분은 하나씩 수정하고 채워나가면서 연습해보는 방법인데 반복하다 보면 목소리에 점점 힘이 생기고, 몸동작과 눈빛에서 자신감이 차오르는 자신을 발견하게 됩니다. 이 과정에서 이미 나의 발표에 대한 긍정적인 기억이 새롭게 쌓여가기 시작합니다.

그리고 실제 발표 현장에서 내가 준비한 만큼 잘 마무리를 하고 나면 더 이상 과거에 사로잡히지 않게 됩니다. 발표 긴장, 발표 혐오는 사라지게 되고 '나도 이제 발표 꽤 잘하는 사람이야.'라는 자신감이 쌓이게 되는 거죠.

Step 2.

스피치에 자신감을 더하다

 **01. 불안은 이유를 정확히 아는 순간 약해진다**

· · · · ·

갑자기 어두운 공간에 들어가면 불안해지고 두려움이 느껴지는 이유는 무엇일까요? 내 앞에 무엇이 있는지 모르기 때문에 상상에 상상이 더해지면서 막연한 두려움이 끝없이 커지기 때문입니다. 그 어두웠던 공간에 밝은 불이 켜지는 순간 '아, 여기 큰 책상이 있었구나! 옆에는 의자가 있었고 아래에 상자가 있었네.' 하나씩 내 앞에 존재하는 것들이 눈에 들어오면서 두려움은 한순간에 사라지면서 안정감을 느끼게 되죠. 불안은 이유를 정확하게 아는 순간 약해지고 사라지기 시작합니다.

발표 준비를 시작하기도 전에 고개를 푹 숙이고 '저는 목소리가 이상해서 못해요.' '저는 못생겨서 사람들이 별로 안 좋아해요.' '저는 배운 게 별로 없어서 앞에서 무언가를 발표한다는 것 자체가 말도 안 됩니다.' 등 자신감이 없는 상태로 힘들어하는 사람들을 많이 만나왔습니다.

여기에서 중요한 것은 앞에 어두운 공간에서 두려움을 느끼다가 불이 환하게 켜진 후 물건의 위치가 눈에 들어오면서 마음에 안정이 찾아온 것처럼 이유를 덮어놓고 '발표 너무 떨려'라는 생각으로 깊이 들어가기를 멈추고 그 생각의 방에 불을 켜보시기 바랍니다. 밝아진 방 안을 천천히 둘러보십시오. 어떤 것이 보이나요? 천천히 바라보니 긴장되고 두려웠던 이유를 알 수 있을 것 같습니다.

'내가 완벽하게 이해하지 못했다고 생각한 부분이 중간에 나오는데 거기에서 말을 자연스럽게 못하거나 시선이 흔들리면서 잘 모른다는 사실을 청중 앞에서 들켜버리게 되고 당황하면서 뒷부분까지 망쳐버릴까 봐 두려웠구나.' 깨닫게 됩니다.

그러면 방법을 찾아보면 됩니다. 이 세상 모든 일에는 방법이 있죠. 반드시 100% 완벽하게 해결해야 한다는 강박을 멀리 날려버리고 일단 조금이라도 해결된다면 바로 해보자, 할 수 있다는 생각으로 마음의 준비를 하고 할 수 있는 방법부터 계획을 세워보면 됩니다. 잘 모르는 부분을 그 분야를 전공한 상사나 친구에게 물어봐도 되고, 주말에 도서관에 가서 관련된 책을 여러 권 읽어보면서 이해를 높이고 동영상 강의를 보면서 내용에 푹 빠져보는 것도 도움이 되겠죠. '아, 이제 이해가 가는군.' 깨달음의 표시로 고개를 끄덕이게 될 때마다 나의 발표 두려움은 어느 순간 사라지고 자신감으로 변해 있게 됩니다.

내가 발표 날짜가 다가오기 전에 지구 밖으로 도망가고 싶을 정도로 두려움이 크다면 분명히 그 이유가 있는 것이고, 그 이유 앞에 당당하게 서서 해결 방법을 찾아보고 하나씩 방법대로 실행해 나간다면 당신의 용기 있는 행동 덕분에 빠르게 발표 자신감과 실력이 올라가게 되는 것이죠.

여러 사람 앞에 서서 말하는 스피치를 준비하면서 기본적으로 필요한 것들을 알아볼까요?
첫 번째로 중요한 것은 자신감입니다. 자신감이 탄탄하게 있어야 준비도 할 수 있고 후회하지 않는 스피치를 진행할 수도 있습니다.

자신감이 없는 상태는 내면이 깃털처럼 약해져 있는 상태라고 볼 수 있습니다. 그래서 스피치 준비 단계부터 막막하고 어떤 내용을 어떻게 구성해야 하는지 아이디어 구상부터 내용을 정해나가는 모든 행동 자체가 부담스럽고 어렵기만 합니다. 자신이 떠올린 생각은 대부분 잘못되고 부족해 보이기만 하기 때문입니다.

그리고 스피치 자리에서 누군가와 눈만 마주쳐도 자신을 무시하거나 공격한다고 생각이 들기 때문에 바로 온몸이 굳으며 긴장은 최고조가 되어 마무리까지 어려운 상황이 될 것입니다.

"나는 누구인가?"에 대한 자아 인식은 잠재의식 속에서 일어납니다. 경험을 바탕으로 무의식중에 형성되고 과거의 성공이나 실패가 평가에 영향을 미치는 거죠. 한번 자아 인식이 형성되면 스스로 그것을 신뢰하며 다음 진행되는 자신의 행동을 결정하는 역할을 하게 됩니다. 과거에 비난과 질책을 많이 받았다면 자아상은 부족한 사람, 못난 사람 등 부정적인 인식으로 무력감을 느끼게 되는 것이죠.

반대로 긍정적인 자아상을 가진 사람은 자신을 다재다능하면서 진취적이고 가능성 있는 사람의 모습으로 그립니다.
어떤 상황에도 가능성이 있는 사람이라고 생각하며 떠오르는 아이디어도 마음껏 표현하게 되고, 준비부터 스피치 전체 단계를 열정적으로 하게 되겠죠.

한번 형성된 자아상을 바로 바꾸는 것은 쉬운 일은 아닐 겁니다. 하지만 자신에 대해 부정적 인식을 갖고 있다면 더욱 행복한 삶 그리고 내가 원하는 스피치를 멋지게 잘 해내는 사람이 되기 위해서 반드시 변화해 나가야 합니다.

여러분은 발표 자리에서 청중의 어떤 행동을 보면 긴장이 되나요?

강의 현장에서 이 질문을 드렸을 때 나온 답변을 말씀드리면 긴장을 만드는 행동 유형을 크게 3가지로 나눠볼 수 있었는데요, 먼저 아예 나의 발표에 관심이 없어 보이는 행동입니다. 예를 들어 계속 책상에 고개를 숙이고 피곤해하면서 나를 한 번도 쳐다보지 않거나 휴대폰만 들여다보는 행동이죠. 무관심한 반응 속에서 나의 발표가 가치 없는 것으로 느껴져서 어딘가에 숨어버리고 싶을 만큼 부끄러웠다고 했습니다.

두 번째는 마치 무서운 심사위원처럼 팔짱을 끼고 무표정으로 나를 뚫어지게 보고 있는 행동입니다. 가끔 고개를 갸우뚱하기도 하면서 말이죠. 마치 무언가 내가 실수하거나 부족하게 말하고 있는 것을 지적하는 건가 싶어 더 크게 긴장되면서 온몸이 얼음처럼 굳는 것 같다는 분도 있었습니다.

마지막 세 번째는 옆에 있는 사람과 속닥이며 웃는 표정으로 계속 수다를 멈추지 않는 행동입니다. 마치 나를 비웃고 무시하는 것처럼 느껴져서 감정이 상하게 되고 귓속말로 무슨 말을 나누고 있는 건지 그쪽에 신경을 쓰느라 발표 진행에 집중이 어려웠다고 했습니다.

당신은 청중의 어떤 모습을 마주하게 될 때 가장 긴장이 되나요?

<청중의 어떤 행동을 보면 긴장이 되나요?>

똑같이 '긴장됩니다.'라고 해도 청중의 어떤 반응과 어떤 공간 분위기 속에 특히 긴장되는지는 사람마다 다릅니다. 조금 더 자세하게 말씀드리면 사람의 성향이나 과거 기억들이 나의 감정을 움직이는 중요한 역할을 하게 되는 겁니다.

그래서 무조건 '난 자신감이 너무 없어. 노력하자!'라고 외치기 전에 자신감을 한 번에 끌어내리는 과거 부정적 기억과 만나서 정리하는 시간을 갖는 것이 중요합니다.

1:1스피치 코칭에서 만난 분의 이야기가 기억에 남습니다. 50대 대학교 교수님이셨는데, 강의 중에 누군가가 옆에 사람과 말을 하며 키득키득 웃으면서 자신을 바라보면 갑자기 머리가 하얗게 되면서 너무 긴장되고 심할 땐 어지러움까지 느껴진다고 하시며 고민을 토로하셨습니다. 처음에는 자신의 강의에 집중하지 않고 떠드는 학생들의 모습에 화가 나는 건가 싶었다고 하셨는데 같이 시간을 갖고 이런저런 다양한 이야기 끝에 교수님의 어릴 적 이야기 속에서 그 원인을 찾을 수 있었는데요, 중고등학생 시절 두 번의 전학을 하게 되었는데 새로운 학교에서 새로운 친구들 앞에 서서 자기 이름을 말하는 자리에서 반 아이들끼리 이야기하고 웃으면서 자신을 봤었는데 순간 놀림받는 이방인이 된 느낌, 모두 자신의 적이 되어 자신을 공격하는 느낌을 받아서 학교 생활이 힘들었던 적이 있다는 이야기를 하셨습니다.

그 기억으로 인하여 평상시에는 평범한 일상생활을 문제없이 하다가도 앞에 서서 발표를 하거나 강의를 하게 될 때 앉아있는 사람들끼리 이야기를 나누고 웃으며 자신을 바라보면 순간적으로 무너져 내릴 것 같은 힘든 감정에 휩싸인다는 것을 알게 된 것이죠.

또 다른 분의 사례도 기억에 남아 있는데요, 40대 연구원이시고 평소에 말씀도 잘하시고 항상 자신감이 느껴지는 분이었습니다.

그런데 회의 진행을 하시거나 발표를 하실 때 누군가가 팔짱을 끼거나 무표정으로 뚫어지게 바라보면 갑자기 몸이 굳어지고 머리는 하얗게 되고 어떤 말을 해야 할지 모를 만큼 너무 당황스럽다고 하셨습니다. 처음에는 상대방의 경청 예의가 없는 태도에 화가 나기 때문에 그런 것 같다고 말씀하셨는데요, 나중에 같이 원인에 대해 생각해보니 어린 시절 아버지와의 일들이 생선 가시처럼 기억 속에 콕 박혀 있다가 비슷한 상황에 작동하고 있다는 것을 알았습니다.

아버지께서는 장남으로 태어나서 집안의 큰 기대와 지원을 받는 만큼 항상 1등을 해야 하고, 잘 커야 한다고 하시며 엄격하게 키우셨다고 했습니다. 작은 잘못에도 큰소리를 치거나 학교에서 다녀와 있었던 일을 이야기하는 날이면 '발음이 이상하다, 단어를 잘못 사용했다, 왜 이렇게 바보처럼 길게 말하냐.' 계속 지적을 하시며 못마땅해하셨는데 그럴 때마다 너무 무섭고 속상했다고 합니다.

그 영향으로 긴 세월이 지난 지금도 누군가가 무표정으로 바라보면 아버지 앞에서 두려움에 떨던 어린 시절로 돌아가서 상대방이 자신을 비난하고 있을 것 같고 공격을 할 것 같다는 생각이 들게 되어 공포에 사로잡히게 되는 것이었죠.

일단 나의 큰 긴장과 불안을 만드는 그 원인을 제대로 인식하고 '그래서 그랬구나.', '그래, 17세 때 ○○는 그 상황에 힘들었겠다.'라고 진심으로 이해해주면 비슷한 상황을 만났을 때 힘든 감정에서 흔들리게 되는 정도가 훨씬 약해져 가는 것을 발견할 수 있습니다.

그리고 내가 싫어하는 그 장면, 그 사람들의 행동에는 나의 주관적인 해석이 중간에 끼면서 부정적 감정을 주게 되었다는 것을 반드시 기억해야 합니다. 왜냐하면 지금 앞에서 웃고 있는 두 사람이 과거의 그 사람들이 아니고, 앞에서 무표정으로 나를 바라보고 있는 사람도 나의 아버지가 아니기 때문입니다.

가능하다면 나를 긴장하게 했던 존재에 대해 '나를 힘들게 한 사람'으로 부정적 도장을 찍어놓기 전에 나 자신을 위해서 '왜 그랬을까?' 다시 생각해보며 긍정적 의도를 찾아보는 것도 도움이 됩니다. 예를 들어 앞 사례에서 보신 엄하게 자주 혼내시던 아버지가 '왜 그러셨을까?' 생각해보면 아들이 잘못되길 바라는 마음이 아니셨을 겁니다. 이 세상 가장 귀한 아들이 나중에 사회에 나가서 무시받지 않는 멋지고 당당한 사람이 되길 바라는 마음, 항상 논리적으로 말도 잘하고 똑똑해보이는 모습으로 무시당하지 않고 이 세상을 잘 살아가길 바라는 마음이지 않으셨을까 생각해 볼 수 있지 않을까요.

앞에 작성하셨던 '청중의 어떤 행동을 보면 긴장되나요?' 내용에 대해 한 번 더 깊이 생각해보며 '난 그 행동을 보면 왜 긴장이 될까요?'라는 질문으로 긴장되는 이유나, 과거에 관련된 사건으로 내가 그 행동을 불편하게 여기게 된 계기 등을 자유롭게 써 보시면 좋겠습니다.

<나는 청중의 그 행동을 보면 왜 긴장이 될까요?>

내가 발표를 하는데 앞의 사람들이 귓속말하며 웃는 상황이라면 그들은 평소에도 서로 이야기를 많이 나누고 웃음이 많은 사람일 확률이 높습니다. 그리고 팔짱 끼고 무표정으로 있는 사람은 평소에도 표

정 변화가 크게 없는 감정을 쉽게 드러내지 않는 성향일 확률이 높은 거죠.

그 말은 즉 겉으로 보이는 행동만 보고 '나의 발표에 집중을 하고 있다, 안 하고 있다.' 혹은 '나에게 호감을 갖고 있다, 아니다.'를 절대 판단할 수 없다는 것이고 이는 다른 사람의 행동에 나의 긴장감이 좌지우지되면서 영향을 받을 필요가 전혀 없다는 겁니다.

여러분은 발표 중에 청중의 어떤 행동, 표정을 보면 긴장되나요?
그 긴장을 만들게 된 과거 원인에 대해 생각해보셨나요?

빨간색 안경을 끼고 세상을 바라보면 빨간색으로 보이고, 노란색 안경을 끼고 세상을 바라보면 노란색으로 보이죠. 이처럼 과거에 사건을 바라보는 관점과 해석에 따라서 다양한 이야기가 됩니다.
내 안의 감정과 생각들이 섞여 기억 속 사건을 다양한 내용으로 해석해 내는 것이죠. 딱 떨어지는 답이 있는 수학 공식처럼 절대 정해진 답이나 의미가 있지 않다는 것, 그리고 지금 나에게 어떠한 영향도 끼칠 수 없다는 것을 반드시 기억해 주시길 바랍니다. 당신을 마음대로 흔들 수 있는 것, 당신을 방해할 수 있는 것은 이 세상에 아무것도 없습니다.

02. 안정적인 호흡 만들기

• • • • •

　스피치를 하면서 좋은 소리를 내기 위해서는 먼저 안정적인 호흡을 만드는 것이 우선입니다. 호흡이 제대로 되어 있어야 말 소리를 원하는 크기로 낼 수 있으며 긴 문장도 편안하게 말할 수 있습니다.

　소리의 연료 역할을 해 줄 호흡을 몸 안에 담고 소리를 내며 뱉어내면서 말을 이어가는 건데요. 그렇다면 호흡의 양을 많이 담는 게 좋을까요? 한 번에 담을 수 있는 양은 상관이 없을까요?

　맞습니다. 호흡을 많이 담아내야 더욱 안정적인 소리를 내고 내가 긴장을 해도 밖으로 덜덜 떨리는 양 목소리가 나오는 것을 방지하고 힘 있는 목소리를 만들 수 있는 것입니다. 그래서 복식 호흡이 참 중요한데요, 복식 호흡이란 숨을 들이마실 때 배가 나오는 호흡법을 말합니다. 숨을 내 몸으로 넣고 뱉으면서 횡격막을 상하로 많이 확장했다가 수축을 시키면서 폐활량이 커져서 말을 할 때 호흡을 안정적으로 만들어주는 것이죠.

처음에 복식 호흡을 연습하시는 분들이 너무 헷갈리고 어렵다는 말씀을 많이 하시는데요 먼저 누워서 천천히 배에 집중하며 연습해보면 쉽게 해보실 수 있습니다. 편안하게 누워서 온몸에 힘을 뺍니다. 그리고 두 손을 배에 올린 후 눈을 감고 배가 심장처럼 숨을 쉰다고 상상하면서 호흡을 코나 입으로 넣으면서 배가 볼록 나오게 합니다. 그리고 잠시 호흡을 보관하는 느낌으로 멈췄다가 입으로 '후' 호흡을 천천히 계속 뱉어냅니다. 이때 중요한 것은 최대한 길게 호흡을 뱉어내는 것인데요, 일정한 속도로 호흡을 뱉으면서 내 몸에 호흡이 다 나가서 숨이 차다고 느껴질 때까지 뱉어내 보는 것입니다. 숨을 천천히 길게 뱉어내는 연습이 몸에 익숙해져야 복식 호흡으로 말을 하는 것이 가능해지므로 조금 숨이 차고 힘든 느낌이 들어도 이 연습을 처음에 호흡 넣기부터 보관 그리고 뱉어내기까지 여러 번 반복하는 것이 중요합니다.

일어나서 연습하는 경우 꼭 큰 거울 앞에서 해 보시길 추천해 드립니다. 처음에는 보통 나의 상상과 다르게 배가 아닌 어깨가 위로 들썩이면서 호흡이 진행됩니다. 거울로 호흡이 들어오고 나가는 것에 따라 나의 몸 어느 부위가 움직이는지를 정확하게 보셔야 합니다. 어깨나 가슴이 아닌 배만 숨을 담을 때 천천히 볼록 나왔다가 호흡을 뱉을 때는 천천히 들어가는지를 확인하시고 호흡을 몸에 넣으면서 배가 나오는 게 어렵고 잘 안 된다는 생각이 들 땐 일부러 근육의 힘을 이용해서 호흡을 마심과 동시에 배를 내밀어보고 뱉으면서 배를 넣어보셔도 도움이 됩니다.

호흡에 집중이 잘 안 되고 어렵다는 부담감에 쫓기는 느낌이 든다면, 편안함을 느낄 수 있는 음악(명상음악처럼 템포가 느리고 가사가 없는 음악)을 배경 음악으로 들으면서 천천히 음악에 집중하며 호흡 마시고 천천히 모두 뱉어내는 연습을 해 보셔도 좋습니다.

 **03. 힘 있는 발성 만들기**

· · · · ·

    조금이라도 공간이 넓은 곳에서 말을 하게 되면 목이 아파오거나 몇 분 만에 지쳐서 쓰러질 것 같다고 하시는 경우가 있습니다. 보통 소리의 크기가 작은 분들의 경우 공간을 채우기 위해 온 힘을 다해 목에 힘을 주고 말하다가 목에 통증을 느끼거나 허스키하게 쉰 목소리가 나오고, 에너지를 목에 집중한 끝에 지쳐서 나중에는 서 있기도 힘든 매우 피곤한 상태가 됩니다.

    누군가의 말을 들으면서 소리가 눈에 보이듯이 앞으로 나가는 거리감을 느껴본 적 있으신가요?
    발성 상태에 따라서 밖으로 조금만 나가다가 힘없이 사라지기도 하고, 저기 멀리까지 뻗어 나가거나 반대로 입 안쪽으로 소리가 들어가는 등 모두 다르게 느껴집니다.

내 몸 안에 담은 공기가 기관을 통해 나가면서 성대를 지나가게 됩니다. 발성을 시작한 성대는 주름벽이 긴장해서 가운데 구멍을 막고 공기는 이 주름벽을 통해 100분의 1초 또는 1,000분의 1초 정도 되는 짧은 파열을 일으키며 빠져나갑니다. 이 파열이 공기 진동을 일으키며 성대가 가해지는 긴장과 기압의 조합에 따라서 다양한 높이와 세기의 소리가 만들어지는 것입니다. 이 소리가 구강과 비강 등을 통과하고 가슴통과 두개골의 빈 공간들도 공명기의 역할을 합니다. 발성과 관련된 기관들은 우리 안에 모두 갖고 있는데 이 기관들을 건강하게 유지를 잘해야 좋은 소리를 만들어낼 수 있습니다. 건강한 폐는 큰 폐활량으로 풍부한 발성을 만들고, 건강한 성대는 공기의 파열을 깔끔하게 만들어냅니다. 만약 목이나 입안에 염증이 생긴다면 그 통증과 침 고임 등으로 소리 만들기를 방해하여 풍성한 소리가 나오기 힘들겠죠.

그래서 좋은 발성과 발음을 위해서는 우선 건강한 몸을 유지하고 발성 기관과 공명 기관, 조음기관들을 건강하게 하면서 바른 자세로 말하는 것이 가장 기본이 되어야 합니다.

발성을 연습하면서 바로 소리를 내기 전에 나의 목소리가 동그란 공이라고 상상하면서 점점 더 멀리 보내기 연습을 해봅시다. 그리고 그 공을 보내는 것은 나의 호흡이라고 상상합니다. 호흡 반, 목소리 반이 섞여서 '아- 나- 라- 마-' 소리가 완성되어 나가는 거죠.

호흡이 섞이려면 어떻게 해야 할까요? 먼저 입을 크게 하고 하품을 해 볼까요? 목구멍이 시원해지면서 열리는 느낌이 들죠? 배가 나오게 입을 크게 하여 호흡을 안으로 넣고 큰 입 모양 그대로 '야-'라고 3초 정도 소리를 뱉어내 봅시다. 입 모양을 작게 하고 '야-' 말해보고, 입 모양을 아래위로 크게 벌리고 '야-'라고 해 볼까요? 소리의 차이가 느껴지시나요? 입을 작게 하면 목이 눌린 듯한 코맹맹이 소리가 섞여서 들리고 입을 크게 하면 조금 더 부드럽게 입체적인 소리로 변하는 것을 확인할 수 있습니다. 바로 입을 크게 하면서 열린 목을 통해 호흡이 같이 나와 소리를 내보내 주었기 때문이죠.

첫 번째 연습은 길게 소리를 내는 것보다 스타카토로 짧게 소리를 던지듯이 내어보면 조금 더 쉽고 부담 없이 발성 연습을 시작하실 수 있습니다.

호흡을 배로 적당히 넣고 짧은 1초에 나의 호흡을 단단한 공으로 만들어서 강하게 멀리 던진다는 상상을 하면서 입을 크게 하고 스타카토로 소리를 내는 겁니다. 시작!

아!	하!	하!	하!	하!
하!	나!	다!	라!	마!
마!	바!	사!	카!	카!
카!	라!	라!	마!	카!
마!	머!	마!	머!	마!
마!	파!	퍼!	포!	푸!
푸!	포!	파!	하!	카!

다음 단계로 넘어가서 입 모양 설명을 들으면서 발성 연습을 해보겠습니다. 공기를 배가 볼록 나오도록 담으시고 저장한 상태에서 입은 하품하듯 크게 벌립니다. 혀뿌리는 아래쪽에 붙이고 목구멍을 최대한 열어 '아~' 소리를 냅니다. 호흡을 섞어서 소리를 멀리 내보내기 연습을 조금 더 수월하게 하려면 첫 단어에 히읗(ㅎ)이 들어간 소리를 해 주면 자연스럽고 편안하게 해볼 수 있습니다.

같이 연습해 볼까요? 먼저 '하'를 3초 소리내기 연습, 다음은 5초 소리내기 연습. 조금씩 시간을 늘려가면서 소리를 멀리 보냅니다. 다음은 '하'에 이어서 다른 발음을 이어서 가보도록 하겠습니다. '하-야-아-아-' '하-가-사-나'라고 천천히 소리내기 연습을 합니다.

이번에는 단어를 해 볼까요? '하-늘-' '하-마-' '호-랑-이-' '화-가-' '하-루-' '호-미-' 5회 이상 반복해 봅시다.

```
하― 늘―
하― 마―
하― 루―
하― 원―
화― 가―
호― 주―
호― 랑― 이―
```

다음은 나의 눈앞에 있는 벽 중간에 상상의 점을 찍어놓고 거기까지 소리를 보내보는 건데요, 어깨나 턱에 힘을 빼고 편안하게 선 상태로 허리를 펴고 턱은 집어넣습니다. 여기서 주의하셔야 하는 것은 턱이 나오지 않도록 확인하는 건데요. 소리를 멀리 보내거나 더 크게 내겠다고 마음먹는 순간 입 주변과 턱에 힘이 들어가는 경우가 많은데 그러면 자연스럽게 호흡이 섞인 발성이 아닌 목을 눌려서 억지로 내는 소리가 되면서 답답함이 느껴지는 목소리가 되고 말하고 있는 자신도 목이 금세 피곤해지게 됩니다.

다시 한 번 연습해 봅시다. 턱을 넣고 시선은 정면을 바라보고 소리를 멀리 보내기를 할 텐데요. 이번에는 손을 앞으로 뻗어 나가면서 '둥글게 둥글게' 동작을 같이 해주면, 손을 움직이는 동작이 뇌와 연결이 되면서 조금 더 소리를 멀리 보내게 되는 것에 도움을 줍니다.

마음에 여유를 갖고 천천히 팔을 접었다 펴면서 손을 앞으로 부드럽게 둥근 모양으로 뻗으면서 연습을 시작해 봅시다.

안-녕-하-세-요-

만-나-서-반-갑-습-니-다-

발-표-를-시-작-하-겠-습-니-다-

04. 정확한 발음 만들기

• • • • •

정확한 발음, 왜 중요할까요?

같은 내용으로 말해도 발음이 정확한 사람과 발음이 부정확한 사람이 하는 말은 상대방 귀에 다르게 들리고 말에서 느껴지는 신뢰감이나 힘도 다르게 전달됩니다.

그리고 누군가와 대화를 나누는 상황에서 상대방이 나의 발음을 잘 못 알아듣고 "네? 뭐라고요?"라고 하는 순간 '내가 말을 잘 못 하는구나. 발음이 이상하구나.'라고 자신에 대해 부정적인 생각을 하면서 위축이 되고, 그 뒤부터는 사람들 앞에서 말하는 것을 더욱 어려워하게 되는 경우를 많이 보았습니다.

스피치에서 정말 중요한 역할을 하는 발음에 대한 고민이 있는 분들을 위해서 발음 연습 방법에 대해 보겠습니다.

운동할 때 몸 근육을 풀어주는 스트레칭을 하는 것처럼 정확한 발음을 만들기 위해서 먼저 근육을 준비시키는 과정이 필요합니다. 하나하나 발음을 만들어서 밖으로 보내주는 여러 근육을 잘 사용하기 위해서 먼저 그림처럼 귀 아래쪽 턱 근육을 풀어줄 텐데요, 주먹을 쥐고 살살 돌리면서 아래로 위로 왔다 갔다 합니다.

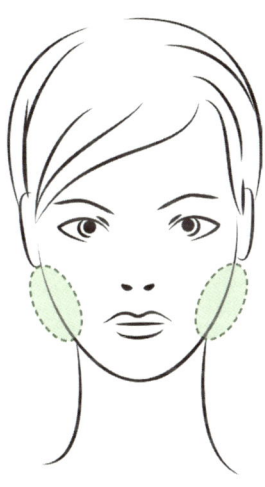

다음은 어린 시절 시계 소리를 따라하던 경험 기억나시죠? 시계 소리처럼 혀로 '꼴깍꼴깍' 입 모양은 '오'가 되었다가 '아'가 되면서 얼굴 입 주변 근육도 모아졌다가 퍼지는 운동을 하게 되고 입안의 혀도 계속 움직입니다. 속도를 천천히, 소리는 정확하게 여러 번 반복하시고 다음은

속도를 빠르게 높여서 입을 빠르게 움직이면서 여러 번 다시 시계 소리를 밖으로 멀리 내보냅니다.

마지막으로는 입술 털기입니다. 얼굴과 입에 힘을 뺀 상태로 공기를 들이마시고 입으로 '푸' 하면서 입술이 '툴툴툴' 바람이 빠져나가면서 입술 털기가 되도록 해주세요. 이때 짧게 끝난다고 잘 못하고 있는 건 아닌지 걱정하시는 분도 계셨는데요, 괜찮습니다. 4회~5회 근육 운동이 되어 편안해졌다는 느낌이 들 때까지 반복해주시면 됩니다.

발음을 위한 스트레칭이 모두 끝났다면 다음은 자신의 말 속도를 확인해볼 필요가 있는데요, 속도가 평균보다 빠른 편인 경우 어떤 말을 하겠다는 생각이 소리보다 많이 앞서나가게 되면서 발음이 정확하게 입안에서 만들어지지 않았는데 미완성 상태로 나오게 되는 거죠.

손으로 책상을 치거나 박수 소리로 천천히 박자를 만들겠습니다. '하나, 둘, 하나, 둘' 들리는 박자에 맞춰서 차분한 속도로 입을 크게 움직이면서 최대한 모든 발음을 100퍼센트 정확하게 만들어서 소리를 내겠다는 생각으로 말을 해 볼까요?

아래 발음표를 보면서 가로로 한 개씩 소리를 멀리 보내면서 발음에 집중합니다.

다음은 다시 '가'부터 세로로 천천히 말을 하면서 발음 연습을 합니다. 앞에서 배우셨던 호흡 방법과 발성 방법을 반드시 같이 진행해주셔서 올바른 소리 내기가 됩니다. 자리에서 일어난 상태로 허리를 펴고 턱을 넣고 천천히 시작하겠습니다.

가	갸	거	겨	고	교	구	규	그	기
나	냐	너	녀	노	뇨	누	뉴	느	니
다	댜	더	뎌	도	됴	두	듀	드	디
라	랴	러	려	로	료	루	류	르	리
마	먀	머	며	모	묘	무	뮤	므	미
바	뱌	버	벼	보	뵤	부	뷰	브	비
사	샤	서	셔	소	쇼	수	슈	스	시
아	야	어	여	오	요	우	유	으	이
자	쟈	저	져	조	죠	주	쥬	즈	지
차	챠	처	쳐	초	쵸	추	츄	츠	치
카	캬	커	켜	코	쿄	쿠	큐	크	키
타	탸	터	텨	토	툐	투	튜	트	티
파	퍄	퍼	펴	포	표	푸	퓨	프	피
하	햐	허	혀	호	효	후	휴	흐	히

다음은 두 글자 이상이 되는 단어 연습으로 넘어가 볼까요?

가지	가면	가옥	가수	가요	거미	교육	교회
나비	너울	다리	도덕	두부	라인	라디오	로마
런던	마부	머루	모기	먼지	무효	바다	바가지
보유	비상	보상	사과	사용	사랑	서울	서해
수중	아기	아버지	이유	어른	오리	우비	우유
자비	자유	자신	자전거	저울	조력자	조율	차표
초원	충주	카세트	커피	코끼리	크레파스	타조	
터키	트럭	토마토	파란색	파도	포도	하원	하소
하루	허리	허수아비	화장	화원	황색	호두	
호랑이	할아버지	할머니	희망				

단어 연습에서 중요한 것은 모든 글자를 동일한 힘과 속도, 목소리 크기로 뱉어내기입니다. 예를 들어 '바다'를 말할 때 '바'만 길게 소리 내고 짧게 '다'라고 하는 것이 아니고 '바-' 그리고 똑같이 '다-'라고 소리를 계속 멀리 보내는 연습을 하는 거죠.

입을 크게 벌리면서 '가-지-', 다시 숨을 배로 넣고 입을 크게 벌리고 '가-면-'이라고 한 단어씩 마무리하고 새 호흡을 넣고 다음으로 넘어가는 것이죠.

처음부터 많은 단어나 문장을 연습하면 부담을 느끼실 수 있습니다.

천천히 한 문장씩만 해 볼까요?

〈시옷 발음〉

많은 분들이 발음이 잘 되지 않아 스트레스를 받으시는 발음에는 대표적으로 시옷 발음이 있습니다. '사랑, 사슴, 서울' 등 시옷이 들어가는 단어에서 정확하게 발음이 표현되는 것이 아니라 공기가 심하게 새는 듯한 소리가 많이 섞여나오면서 말하는 순간 부정확한 발음에 위축되는 경우가 많은데요, 시옷 발음을 어려워 하시는 분들은 '제가 혀가 짧아서 발음이 이상한 것 같아요.'라는 말씀을 많이 하십니다.

시옷 발음이 제대로 발음되지 않는 것은 타고나기를 혀가 짧거나 입의 구조 일부분이 일반 사람들과 조금의 차이점이 있어서 그런 것이 아니라 혀의 위치가 다른 것이 습관적으로 그 위치로 계속 가면서 소리를 내기 때문입니다.

지금 '사'라고 크게 말해보면서 나의 혀의 위치를 느껴보시길 바랍니다. 올바른 위치는 혀가 아래에 있어야 하는데 시옷 발음을 하는 순간 혀 뒤에 힘을 주면서 혀가 전체적으로 뜨거나 혀끝이 말려 올라간 듯 방향이 위에 가 있는 경우가 있고, 시옷 발음을 내는 순간 아랫니와 윗니 사이로 혀가 나왔다가 들어가는 경우도 있습니다. 혀가 나왔다가 들어가면서 매우 심한 바람 새는 소리가 섞이게 되고 혀 위치도 떠 있게 되면서 더욱 시옷의 정확한 발음이 나지 못하게 되는 것입니다.

시옷 발음은 혀가 치조에 닿을 듯 안 닿을 듯 마찰하면서 내는 소리입니다. 그래서 절대 중간에 뜨거나 밖으로 나왔다 들어가지 못하도록 혀를 아래로 잡아주는 것이 가장 중요한데요. 하지만 생각으로만 그 위치를 바꿔서 말하는 것은 쉽지 않습니다. 왜냐하면 어린 시절부터 수십 년 동안 말을 할 때 그 위치와 움직임으로 혀가 움직이도록 습관이 되어 있기 때문입니다. 그래서 젓가락을 세로로 물거나 아이스크림을 먹고 남은 나무 막대기를 세로로 물고 천천히 큰 소리로 '사, 서, 샤, 시, 소, 수' 등 시옷 소리를 밖으로 내 보는 꾸준한 연습을 하시면 도움이 됩니다.

위에서 막대기가 바로 눌러주면서 혀가 아래로 점점 자리가 잡히고 점점 더 정확한 '사랑, 사슴, 서울, 소금, 사고, 사과, 서민' 시옷 발음을 하게 됩니다.

〈이중 모음〉

이중 모음이란, 이어지는 두 개의 모음 중 시작 모음과 끝 모음이 다른 소리를 내는 것을 말합니다. 소리를 내는 동안 입술 모양이나 혀의 위치 즉 조음 기관의 위치가 변화하여 첫소리와 끝소리가 다른 모음입니다.

예를 들어 ㅑ, ㅕ, ㅛ, ㅠ, ㅘ, ㅙ, ㅝ, ㅞ, ㅟ, ㅢ를 말합니다. 환자라는 단어를 발음할 때 빠르게 '호' 다음 '한'을 말하며 '환'으로 말하게 되는데 입 모양에 변화를 주지 않고 흐릿하게 '한자'라고 하는 경우가 있습니다. 이중 모음 발음이 부정확한 분들을 만나보면, 말을 할 때 입 모양을 잘 움직이지 않고 입안에서 혀로만 소리를 만들어서 내는 경우가 많습니다. 어떤 동작을 할 때 몸동작을 크게 하는 사람이 있고 거의 움직임이 잘 안 느껴지게 조금 움직이는 사람이 있는 것처럼 입의 움직임도 마찬가지입니다.

스피치 코칭에서 만난 분 중 학창시절부터 치아 교정을 했는데, 교정기를 보여주기가 부끄러워서 입을 가리고 말하거나 입 모양을 최대한 안 움직이고 말하는 것이 습관이 되었다고 하신 분도 있었고, 어떤 분은 사람들과의 대화가 너무 부끄럽고 낯가림도 심하다 보니 입 움직임을 최대한 작게 해서 말하게 되었다고 했습니다.

하지만 이렇게 입을 조금 움직여 부정확한 발음이 습관이 되면 말을 할 때마다 계속해서 부정확한 발음과 작은 목소리가 나오게되고, 시간이 지나가면서 점차 습관처럼 굳어지겠죠. 이런 과정 속에 '나는 원래 발음이 부정확한 사람'이라고 생각하면서 점점 말에 대한 자신감을 잃어갈 수 있겠죠.

자신의 의견을 정확하게 표현하여 전달하는 것이 중요합니다. 그래서 이중 모음을 잘 발음하기 위해서는 정확하게 하나하나 짚어주듯이 연습을 하면 정확한 발음으로 바뀔 수 있습니다.

　지루하지 않게 매일 연습할 수 있는 방법이 있는데요, 신문 기사의 일부분을 캡처하여 글자 한 개씩을 최대한 정확하게 소리를 만들어 멀리 보낸다고 상상하면서 입을 크게 크게 벌려서 발음하는 것입니다. 처음부터 빠른 속도로 해야 한다는 부담감은 전혀 가질 필요가 없습니다. 천천히 정확한 발음을 만들면 나중에는 훨씬 빠르게 말해도 정확한 발음으로 말이 나오기 때문에 발음 연습할 때는 특히 이중 모음에 형광펜으로 표시를 해 놓고 정확하게 말을 뱉어보는 것입니다.

# 05. 말의 집중도를 높이는 강조기법

• • • • •

뉴스에 나오는 아나운서의 말은 듣는 사람이 소파에 누워서 들어도 물건을 정리하면서 들어도 항상 정확하게 잘 들립니다. 집중하면서 듣지 않아도 어떤 내용의 말을 하는지 귀에 쏙쏙 들어오는 이유는 무엇일까요?

정확한 발음과 신뢰감이 느껴지는 안정된 목소리도 그 이유 중 하나지만 더욱 중요한 것은 말의 강조기법을 사용하기 때문입니다. 만약 아무리 발음이 정확하고 목소리가 좋더라도 처음부터 끝까지 일정한 톤으로 말한다면 어떨까요? 내용이 진행될수록 어떤 말을 하는지 어떤 내용이 중요한 것인지 구분되지 않은 상태로 대부분 내용이 단순한 소리가 되어 귀를 흘러 지나쳐가고 말겠죠.

공부할 때 중요한 문장이나 단어에 형광펜을 치는 것처럼 말에서 중요한 내용을 강조하여 상대방에서 잘 들리게 하고, 전체적인 집중도를 높이기 위한 방법의 하나가 바로 말 강조기법입니다.

실제 스피치에서 가장 많이 사용하게 되는 것은 '포즈(Pause)'와 '페이스(Pace) 조절'입니다. 포즈는 궁금증과 예측해볼 수 있는 시간적 여유를 주는 것인데요 시상식에서 결과를 발표할 때 '오늘의 대상은 ○○○입니다.'라고 바로 말하지 않죠. 보통 '오늘의 대상은'까지 말한 후 잠시 쉬고 '○○○입니다.'라고 말하는데요, 이처럼 중요한 단어 전에 일부러 잠깐 쉬고 말을 하여 그 순간 청중의 집중도를 높이고 단어를 전달하는 것입니다.

다음 문장에서 어디 앞에 포즈를 두고 말하면 좋을까요?

> 오늘의 주제는 중소기업 지원방안입니다.

위 문장에서 중요한 부분을 먼저 찾아보면 주제인 '중소기업 지원방안'이죠. 그렇기 때문에 '주제는' 다음 포즈를 잠시 두고 다시 힘 있게 '중소기업 지원방안입니다.'라고 하면 됩니다.

다음 페이스 조절은 마라톤에서 많이 들어본 단어죠? 구간별 속도 조절을 할 때 '페이스를 조절한다.'라는 말을 하는데요. 스피치에서도 마찬가지입니다.

계속 같은 속도로 말하는 것이 아니라 중요한 부분에서는 조금 느리게 말을 하여 그 부분이 잘 들리도록 강조하는 것인데요.

위에서 포즈를 연습하셨던 문장을 예로 들면 중요한 단어인 '중소기업 지원방안'에서 사이를 조금씩 늘려놓은 듯이 말하는 겁니다. 실제 강의에서 페이스 조절을 한 분씩 연습해 보실 때 속도를 느리게 하는 데 집중하시다가 문장 처음부터 끝까지 모두 속도가 느려지는 경우가 많은데요. 여기에서 중요한 것은 속도가 모두 같아지면 중요한 부분이 강조되지 않는다는 점입니다.

무대 위에서 대사를 말하고 있는 배우에게 핀 조명을 비추는 까닭은 무엇일까요? 주변은 어둡게 두고, 중요한 부분만 조명이 밝게 비춤으로써 더 잘 보이게 강조하기 위함일 겁니다. 이처럼 문장을 읽을 때도 나머지는 원래 나의 평소 속도대로 하시고 중요한 부분에만 밑줄이나 형광펜으로 표시를 하고 천천히 말하고 넘어가는 겁니다.

> **오늘의 주제는 중소기업 지원방안입니다.**

'오늘의 주제는' 빠르게 말하고 잠시 포즈를 둔 다음 천천히 '중소기업 지원방안'을 조금 더 신경 써서 말하고 다시 원래 속도로 마무리까지 갑니다. 위 문장을 5번 정도 다시 읽어볼까요?

다음 문장도 포즈와 페이스 조절 표시 후 연습해 볼까요?

> **그래프를 살펴보면, 작년 대비 15% 증가했습니다.**

우선 중요한 부분은 어디일까요? '작년 대비'와 '15% 증가' 이 부분이죠.

'그래프를 살펴보면'은 평소 속도대로 말하고 중요한 부분 앞인 작년 대비 앞에서 잠깐 포즈를 두며 쉬었다가 천천히 '작년 대비 15% 증가'로 말이 이어지면 되는데 여기에서 숫자는 조금 더 신경 써서 말해야 합니다.

위 문장도 5회 정도 소리 내어 말해봅시다.

다음은 조금 더 긴 문장을 같이 파악하여 표시하고 읽어보는 연습을 할 텐데요, 책이나 신문에서 일부분 발췌하여 연습하는 방법이 굉장히 효과적이지만 다른 사람이 작성한 내용을 파악하고 표시하여 연습하는 것보다, 강조기법 활용과 더 빠르게 친해지기 위한 첫 번째 방법은 자신이 원하는 글을 편하게 작성 후 강조 표시를 하고 읽게 되면 더 쉽게 강조할 부분을 찾을 수 있고 자연스럽게 읽는 데에 도움이 됩니다.

여러분이 좋아하는 취미를 소개해보는 글을 6~8줄 정도 작성한 후 앞에 나의 발표를 듣기 위해 모인 청중들 앞에서 말하고 있는 나를 상상하며 소리 내어 읽어보는 연습을 해봅시다.

글 작성 후 다시 한번 읽어보면서 어디에서 포즈를 둘지 숨을 쉬는 부분 포함 표시를 하고 다음으로 조금 더 천천히 읽어서 강조할 부분 페이스 조절은 밑줄을 쳐서 표시합니다. 속으로 읽을 때와 실제처럼 소리 내어 읽을 때가 달라서 반드시 직접 소리 내어 읽어보면서 필요한 부분에 포즈와 페이스 조절 표시를 하시길 바랍니다.

< 나의 소중한 취미를 소개합니다. >

① 포즈 표시 ② 페이스 조절 표시

셀프 작성표

 **06. 스피치를 보여주는 비언어 커뮤니케이션**

· · · · ·

'언어가 생각을 감추기 위해 존재한다면, 몸짓은 생각을 드러내기 위해 존재한다.' 영국의 수학자 '존 네이피어'의 말입니다.

작은 몸짓이라도 그 사람의 생각이나 성격이 담겨 있다는 것을 무의식적으로 모두 알고 있기 때문에 발표자의 몸짓을 통해 더욱 호감과 신뢰를 느끼기도 하고 반대로 부정적 감정을 느껴 내용 전달에 큰 방해가 되기도 합니다.

아무리 좋은 내용을 말하고 있어도 어색한 시선이나, 삐뚤게 앉아 있는 자세는 말에 대한 신뢰와 집중도를 잃게 만들겠죠. 그래서 성공적인 스피치를 위해서 비언어 커뮤니케이션을 먼저 갖추는 것이 매우 중요합니다.

먼저 나의 현재 발표 자세를 점검해보면 좋겠습니다. 1분 정도 나에 대한 소개글을 간단하게 준비하거나 머리로 생각 후 먼저 의자에 앉은 상태에서 말합니다. 이때 의자에 앉은 나의 모습이 머리부터 발끝까지 화면에 담길 수 있도록 카메라를 앞에 세워둡니다. 카메라 녹화 버튼을 누르고 1분 자기소개 스피치를 자연스럽게 해 보는 거죠. 다음 방법은 자리에 일어난 상태로 자기소개를 하고 이 모습도 전체가 나오도록 녹화를 합니다.

앉아서 발표하는 나의 모습과 일어나서 발표하는 나의 모습. 두 영상을 꼼꼼하게 살펴보면서 타인의 눈으로 나를 바라보았을 때 자세의 장점과 수정되어야 하는 점이 무엇인지 찾아보시길 바랍니다.

어색하거나 긴장이 되면서 다리를 '달달달' 떠는 경우도 있고 입술을 안으로 말면서 계속 입 부분을 움직이거나 머리를 뒤로 넘기는 행동을 반복적으로 하는 경우도 많습니다.

두 영상 속 나를 보며 발견되는 부분을 칸에 작성해보는 '셀프 피드백' 순서인데요, 보통 이 활동을 강의에서 진행해보면 장점 칸에는 1개 정도 쓰시거나 장점이 없다고 계속 고민하시면서 부족한 내용만 칸이 넘치도록 쓰시는 경우가 있습니다.

하지만 제가 보기에는 전혀 그렇지 않고, 눈빛과 목소리와 발음 그리고 제스처 등에서 빛나는 장점들, 개인만의 멋진 매력이 참 많이 보였습니다. 하지만 보통은 자기 자신에게 엄격한 기준으로 대하기 때문에 부족한 부분만 눈에 들어오고 잘한 것은 넘어가지거나 안 보이게 되는 거죠.

이번 시간 '셀프 피드백'을 작성하실 때는 장점 위주로 먼저 자세하게 봐주시고 부족했던 부분, 보완하고 싶은 부분을 써 주시길 바랍니다. '목소리에 안정감이 있고 따뜻함이 느껴진다.'처럼 전체적인 느낌부터 '두 번째 ~문장에서 ○○ 단어가 잘 안 들림(발음 주의)' 이렇게 단어나 문장으로 자세히 파고들어서 호흡, 발성, 발음, 제스처, 시선, 표정 등 전체적인 부분을 확인해주시길 바랍니다.

<셀프 피드백>

셀프 작성표

	발표 - 앉은 자세	발표 - 선 자세
장점		
고쳐야 할 점		

고치고 싶은 점을 바꿔서 내가 원하는 모습으로 당당하게 앞에 서서 발표하는 멋진 모습을 현재 실제로 바라보고 있는 듯 상상해 봅시다.

다음은 성공적인 스피치를 위한 비언어 커뮤니케이션에 대해 알아보겠습니다.

〈바른 자세〉

대중교통을 이용할 때 다리를 벌리고 앉은 '쩍벌남'을 보면 눈살이 찌푸려지고, 예의를 갖춰야 하는 자리에서 다리를 꼬고 몸을 뒤로 하고 있는 사람을 보면 그 사람의 인성을 부정적으로 평가하게 됩니다. 이처럼 자세가 정갈하지 않으면 호감도가 낮아집니다. 몸의 자세는 다른 사람에게 보내는 무언의 메시지가 되기 때문에 중요합니다.

의자에 앉는 경우 우선 가장 중요한 것은 앉는 위치입니다. 허리를 의자 등받이에 모두 붙이는 순간 점점 몸이 뒤로 기울면서 전체적인 자세가 흐트러지기 때문에 의자의 3분의 2 정도 위치에 앉은 상태로 허리를 바로 세웁니다. 그리고 앉은 상태에서 턱을 조금 당기고 다리를 90도로 세우는 것이 좋고 어깨는 자연스럽게 힘을 뺀 상태가 좋습니다. 다리모양은 여성의 경우 11자로 무릎을 붙여서 가지런히 모으거나 약간 사선으로 두는 것도 좋습니다. 남자의 경우도 비슷하게 11자가 되도록 하되

다리를 너무 벌리거나 딱 붙이지 않고 자연스럽게 살짝 벌어진 정도로 합니다.

서 있는 경우 가슴과 어깨를 쭉 펴고 시선은 정면을 바라봅니다. 턱은 드는 것보다 약간 목 방향으로 당기는 느낌이 좋고 긴장을 하는 경우 어깨에 힘을 주면서 어깨가 점점 위로 올라가고 전체적으로 경직되는 경우가 많으므로 어깨와 팔을 털어 힘을 빼주고 간단한 스트레칭을 하며 경직된 몸과 마음의 긴장을 풀고 바른 자세를 만드는 것이 효과적입니다.

스피치 과정에서 청중과 소통을 하게 되는 경우 상대방이 말을 할 때는 그 방향으로 몸을 틀어서 살짝 기울여서 상대방을 존중하고, 내용에 진심으로 집중하고 있음을 표현하는 것이 좋습니다.

〈제스처〉

스피치를 하면서 강조되는 부분을 표현할 수 있는 중요한 역할을 해주는 것이 바로 제스처입니다. 그런데 제스처가 너무 과하면 산만해 보이고 부족하면 밋밋한 스피치가 될 수 있죠.

제대로 사용된 제스처는 시선을 집중시키고 말 내용을 청중에게 더욱 와닿게 하는 역할을 합니다. 설명 기능으로 제스처를 하는 경우 주로 가슴 앞 어깨 안쪽 범위 안에서 간단한 손동작을 합니다. 몸 밖으로 너무 과하게 자주 벗어나게 되면 내용에 집중을 방해하는 제스처가 되기 때문에 가슴과 어깨 근처 부분에서 움직이는 것을 추천합니다.

지시 기능으로 제스처를 하는 경우는 어깨 바깥쪽으로 벗어난 손동작을 하는 것이 자연스럽고 방향이나 사물, 사람 등을 지칭합니다.

이때 주의하셔야 하는 것은 손가락 사용은 권위적이고 부정적인 느낌을 줄 수 있으므로 손바닥이 보이도록 손가락을 모두 모으고 그 부분을 향해 부드럽게 손을 뻗는 것이 좋습니다. 그리고 고개 방향도 같이 돌려주면서 이마를 드는 밝은 표정으로 지칭하는 제스처와 관련된 내용을 말하는 것이죠.

제스처 사용에서 가장 중요한 것은 강조할 부분에서 진행하면 반드시 원래 자리로 돌아오는 수거의 순서가 있어야 한다는 겁니다. 그래서 스피치 준비 과정에서 어느 문장 혹은 어떤 단어에서 어떻게 제스처를 할지 미리 계획하고 여러 번 실제처럼 연습하고 가는 것이 좋습니다.

반대로 주의해야 하는 제스처는 팔짱 끼기, 주머니에 손 넣기, 머리

긁적이기, 눈을 자주 깜빡이기, 짝다리로 서 있기, 몸을 많이 흔들며 말하거나 단상에 기대기. 그리고 코나 귀를 계속 만지거나 얼굴 쪽으로 손을 자주 가져가는 것입니다. 부정적인 느낌을 주는 제스처 하나로 스피치 내용과 발표자에 대한 신뢰를 잃게 만들 수 있는 만큼 반드시 주의가 필요합니다.

그런데 스피치 코칭에서 만난 많은 분들이 자신의 제스처 습관 중 수정이 필요한 부분을 인식하지 못하고 있는 경우가 많았습니다. 혼자 연습을 하는 경우 반드시 실제 발표 전 2~3회 카메라 녹화를 통해 긴장을 하거나 다음 내용을 기억하면서 나오는 제스처를 파악하는 것에 도움이 되고 실제 발표 진행 시 친한 친구나 직장 동료끼리 서로의 습관에 대해 알려주는 것이 좋습니다.

<수정이 필요한 나의 제스처>

셀프 작성표

나의 발표에 집중도를 높여주는 제스처를 연습해 볼까요?

아래 각 문장 내용에 맞게 밑줄 친 부분에 제스처를 해봅시다.

셀프 작성표

- 작년 대비, 30% 크게 증가했습니다.

- 우리가 다 같이 시작해야 합니다.

- 화면에 오른쪽을 봐주십시오.

- 이제 감소시켜 나가야 합니다.

- 의견을 적극적으로 표현해야 합니다.

〈시선 처리 - 눈 맞춤〉

저는 운전에 공포를 느꼈던 시간이 굉장히 깁니다. 거의 10년을 장롱면허로 영원히 운전할 수 없을 거라는 생각으로 살았는데요, 이런 공포에서 저를 꺼내어 매일 전국 팔도를 운전하고 다닐 수 있도록 해준 한마디가 있습니다. 바로 남편의 "다른 운전자분들도 사고가 나는 것을 원하지 않기 때문에 대부분 조심히 안전하게 운전해."였습니다. 그동안 해왔던, 제가 운전하고 나가는 순간 다른 차들이 제 차를 박는 상상이 서로를 위해 배려해준다는 인식으로 바뀌었습니다. 차도는 나의 예상보다 안전한 곳이라는 생각이 저를 편안하게 해준 것이죠.

발표에서 청중과 눈을 맞추는 게 세상에서 가장 어렵다고 하시는 분들이 많습니다. 눈이 마주치는 순간 너무 떨리고 당황해서 힘들다고, 그래서 계속 프레젠테이션 스크린만 보거나 시계나 벽만 보고 말을 하게 된다고 했습니다.

하지만 다시 한번 생각해보면 위의 운전 이야기처럼 발표 현장에서 청중과 발표자의 관계도 서로의 적이 아닌 동지 관계입니다. 발표를 진행하는 10분, 20분 동안 발표가 지루하다면 같이 괴로워지는 존재는 청중이죠. 그래서 발표자와 같은 마음으로 발표가 잘 진행되길, 유익한 내용이 효과적으로 잘 전달되기를 바라고 있다는 것을 기억해주시길 바랍니다.

나를 감시하거나 미워하는 존재가 아닌, 나를 한마음으로 응원하는 청중들이라고 생각을 바꾸면 앞에 아무리 수십 명, 수백 명의 사람이 나만 바라보고 있어도 자신 있게 눈 맞춤을 하며 준비한 내용을 발표하는 것이 가능해집니다.

고개를 숙이거나 눈을 피해 다른 곳을 응시하며 발표를 하면 전달력이 30% 미만으로 떨어집니다. 눈 맞춤을 해야 청중을 발표에 계속 집중시킬 수 있고 청중들의 반응을 파악하여 내용을 이해하고 있는지, 동의하고 있는지 등을 지속적으로 체크하여 추가 설명 여부나 말의 속도 등을 조절할 수 있습니다.

눈 맞춤이 아직 부담스럽다면 먼저 발표 현장에서 가장 고개를 끄덕이며 나의 발표에 집중하고 있는 사람들을 한 명씩 먼저 바라보며 말합니다. 처음부터 꼭 길게 눈 맞춤을 해야 한다는 부담은 버리셔도 됩니다. 내가 할 수 있는 만큼 5초, 8초 바라보시고 자연스럽게 다시 발표 자료가 있는 대본이나 스크립트를 보다가 다시 청중과 눈 맞춤을 하며 이 행동을 반복하면 됩니다.

그런데 여러 사람을 너무 빠르게 바꿔가면서 바라보면 시선이 불안정하게 느껴지기 때문에 한 사람당 내가 하는 말의 문장이 끝날 때까지 10초 정도는 바라보시고 그다음 옆이나 뒤에 근처에 있는 사람들을 바라보며 자연스럽게 시선을 이동하면 됩니다.

〈미소〉

그동안 많은 분의 스피치를 보게 되었는데, 처음 시작에서 무표정으로 "안녕하십니까."라고 인사를 하며 자신을 소개하는 경우를 많이 보았습니다. 왜 그런 표정을 지었는지 여쭤보면 너무 긴장되어서 표정이 그런지도 몰랐다는 대답과 살짝 카리스마가 느껴지는 무표정을 지어야 청중이 나의 발표를 진지하게 들어줄 것 같아서 일부러 그렇게 했다는 대답도 있었습니다.

아가들이 웃고 있는 사람에게는 자신도 웃으면서 다가가지만, 무표정으로 화가 난 듯한 사람을 보면 울음을 터트리거나 멀어지려고 하는 것처럼 청중도 마찬가지입니다. 나를 향해 웃어주는 사람에게 호감이 가고, 그 사람의 말을 듣고 싶어지는 심리가 생깁니다. 그래서 스피치를 시작하는 첫 부분에서는 특히 밝게 웃으며 자기소개를 하는 것이 중요하며, 전체적으로 미소가 느껴지는 밝은 표정으로 내용 전달을 하는 것이 효과적입니다.

말을 하면서 미소를 동시에 짓는 것을 어렵다고 생각하실 수 있는데, 간단합니다. 눈썹을 위로 올려준다고 생각하며 이마를 위쪽으로 활짝 펴주며 청중을 바라보며 한 명 한 명과 눈을 맞추며 말을 이어가면 됩니다.

나의 앞에 청중이 앉아 있다고 상상하면서 미소가 느껴지는 밝은 표정과 함께 인사를 해 볼까요? 이마를 들고 몸의 방향을 살짝 앞으로 기울이면서 말은 천천히 "안녕하세요. 반갑습니다. 발표자 ○○○입니다." 이어서 원하는 말을 미소 지은 상태에서 밖으로 표현해 보시길 바랍니다.

 **07. 후회 없는 스피치를 위한 준비 단계**

· · · · ·

많은 사람들이 스피치를 앞두고 '실수라도 하면 큰일인데 어쩌지'라고 긴장과 걱정을 하게 됩니다. 스피치 당일, 발표를 하면서 불안에 떨며 실패하는 것이 아니라 당당하게 준비한 만큼 성공적으로 하기 위한 방법에 대해 알아보겠습니다.

〈카메라와 함께하는 셀프 리허설〉

중요한 스피치 자리를 준비할수록 당연히 여러 번 자료를 준비하고, 읽어보고 수정하면서 준비를 하고 갑니다. 그런데 간혹 속상해하면서 "저도 분명히 열심히 연습했는데 이번에 망했어요. 연습한다고 다 잘하는 건 아닌가 봐요."라는 말을 합니다. 하지만 우리가 목

적지를 향해 갈 때 올바른 길로 가야지 도착을 하는 것처럼 연습도 아무리 시간과 에너지를 들여도 방법이 옳지 못하다면 예상하지 못하는 상황을 만나서 당황하게 되거나, 발표 내내 불안에 떨면서 힘들게 마무리 지점까지 가게 됩니다. 혼자 작성해놓은 내용을 속으로 중얼중얼 읽으면서 연습하는 분들도 계시고, 나 혼자만 들리게 매우 작은 목소리로 빠르게 속삭이듯이 한두 번 읽어보는 분들도 계십니다. 혹은 책상에 앉아서 몇 번 발표 연습을 해 보고 가는 경우도 있습니다.

가장 효과적인 방법은 내가 다른 사람의 눈이 되어 나의 발표 모습을 객관적으로 보고 여러 번 수정하고 보완하는 작업입니다. 그래서 카메라로 나의 발표 모습을 찍어보고 다시 한번 해보는 반복이 중요한데요, 카메라로 찍어보는 연습이 좋은 이유가 또 있는데 바로 실제와 비슷한 긴장감과 집중력을 만들어줘서 스피치 실력도 연습하는 동안 더 빠르게 늘고, 실제 발표 현장에 갔을 때는 이미 여러 번 긴장감 속에 같은 내용을 반복했기 때문에 훨씬 편안하게 안정적으로 발표를 하고 있는 자신을 분명 발견하게 됩니다.

거치대를 이용해 카메라를 책상이나 서랍장 위에 올려놓고 동영상 버튼을 누릅니다. 발표 위치로 가서 인사부터 마무리까지 실제라고 생각해보고 스피치를 진행합니다. 이때 카메라 렌즈는 청중의 눈이라고 상싱히면서 계속 그 렌즈를 바라보며 내용에 맞는 표정 변화를 만들며 말을 이어가는 것입니다.

　녹화된 모습을 청중의 눈으로 확인해보면 부족한 부분을 찾을 수가 있습니다. 예를 들어 오프닝 부분에 긴장을 해서 횡설수설하다가 본론으로 들어가거나, 본론에서 자료에 대한 숙지를 하지 못해서 자연스럽게 말이 나오지 않고 당황스러운 표정을 지으며 말이 계속 끊기면서 프레젠테이션 화면을 보거나 자료를 들여다보게 되는 등 바꿔야 되는 부분, 채워야 되는 부분, 없어도 될 부분 등이 하나씩 느껴지면서 수정해서 다시 영상을 찍어보는 과정을 4~5회 반복하는 겁니다.

　1회째 동영상과 5회째 동영상을 비교해보시면 확실히 문장들도 깔끔하게 정리가 되고 말의 논리와 연결성, 그리고 전체적인 흐름 등이 좋아졌다는 것을 느끼게 됩니다. 더불어 실제 발표 자리에서 나의 자신감과 실력은 몇 배로 높아진 상태로 나오게 되는 매우 좋은 결과가 따라오게 됩니다.

〈긍정적인 상상하기〉

　발표를 앞두고 눈빛이 흔들리거나 손을 만지작거리며 심하게 긴장하는 분들이 계십니다. 계속 "망하면 어쩌죠?", "실수해서 사람들이 다 저를 비웃으면 어쩌죠?", "갑자기 이상한 목소리가 나오면 어쩌죠?" 등 자신이 실수하고, 비웃음 당하는 부정적인 상상 속에 자신을 집어 넣으면서 괴로워합니다.

발표 전에 긴장되는 마음은 대부분의 사람이 경험하게 되는 감정입니다. 하지만 부정적인 생각에 사로잡혀서 발표 자리에 선다면 일단 표정부터가 매우 어둡고, 몸도 위축되고 모든 제스처는 굳어서 어색하게 표현됩니다. 그리고 긴장을 많이 하게 되면 생각하는 뇌도 위축이 되면서 사람들의 반응에 따라 나의 발표를 조절해 나가거나, 중간에 들어오는 사람들의 질문에도 머리가 하얗게 질리면서 아무 생각이 떠오르지 않아서 버벅이다가 내려오게 됩니다.

불안은 앞에서 말씀드린 실제와 비슷한 상황에서 카메라까지 켜놓고 하는 적극적인 연습을 했던 시간과 그 과정에서 성장한 나 자신에게 맡기시길 바랍니다.

일타강사 이지영 강사님이 수험생 시절 할 수 있는 최대한의 노력을 하며 수능을 준비하고 "이 세상에서 나보다 수능 열심히 준비한 사람은 없을걸? 난 그렇기 때문에 시험을 반드시 잘 볼거야."라는 말을 했다고 합니다. 가능한 최고치의 노력을 기울인 사람에게는 불안이 나를 흔들 자리가 존재하지 않습니다.

그리고 발표의 시작 "안녕하십니까." 인사하며 사람들과 눈을 마주치는 그 순간부터 "감사합니다." 고개를 숙여 공손하게 인사하는 마무리 단계까지 모든 장면을 세세하게 나눠서 전문가답게 멋지게 사람들 앞에서 발표하고 소통해나가는 모습을 기분 좋게 상상하며 나 자신을 응원하고 믿어주는 것입니다.

"내일 망했다."가 아니라 "내일 기분 좋게 프레젠테이션 하고 와야지.", "내일 준비한 내용으로 즐겁게 소통하고 와야지." 이런 식으로 기분 좋은 긍정적인 상상을 하며 긍정 에너지를 가득 채우는 것입니다.

내일 당신의 발표를 듣는 모든 청중은 당신이 주는 편안함과 신뢰감에 빠져들어 바른 자세로 발표에 집중하게 되며 열심히 준비한 내용을 이해하고 공감하며 고개를 끄덕이게 될 것입니다. 발표가 진행되는 동안 당신과의 눈 맞춤을 통해서 진심을 느끼고 마음으로 소통하며 발표 내용 속으로 더욱 깊이 들어와 함께하게 될 것입니다.

당신의 발표가 마무리될 때는 진심을 가득 담은 큰 박수를 치며 응원의 에너지를 모아 보내줄 것입니다.

면접 스피치, 발표 스피치…. 당신이 앞두고 있는 스피치 상황을 머리에 구체적으로 그려보며 당신의 성공적인 스피치 모습을 미래 일기를 쓰듯이 기록해 볼까요?

'내일 발표를 잘하고 싶다.'라고 원하는 것을 쓰는 것이 아니고 현재의 모습을 기록하는 형식으로 생생하게 작성하는 것이 중요합니다.

예를 들어 '22일 오전 10시 00에서 발표를 시작하려고 노트북에 자료가 들어있는 USB를 연결한다. 연결이 잘 되고 큰 스크린에 나의 자료가 나온다. 청중들이 점점 조용해지고 자세를 고쳐 앉으며 내가 서 있는 방향을 보며 집중한다. …(중략)… 나는 마지막에 내년 계획에 대한 말을 마무리로 감사하다는 인사를 정중하게 했고 청중들은 고개를 끄덕이면서 만족해하는 표정으로 큰 박수를 친다. 나는 정말 뿌듯하고 기분이 좋다.'

이렇게 현재 일어나고 있는 장면을 기록하듯 써보는 것입니다. 장소와 청중들의 행동과 표정, 나의 동작과 말 등 모든 것을 최대한 자세하게 눈앞에 그려내듯이 상상하며 장면들을 글로 담아봅시다.

<미래 기록, 나의 스피치 현장>

셀프 작성표

Step 3.

스피치에 원하는
내용을 담아내다

 **01. 스피치 내용 준비 방법**

・・・・・

　발표 자리를 준비하며 어떤 내용을 채워야 할 때, 직장에서 프레젠테이션을 앞두고 PPT화면만 켜 놓은 상태로 멍하게 있게 되거나 내일 중요한 모임에서 3분 정도 스피치를 해야 하는데 빈 수첩을 열어 놓고 부담감만 느낀 채 가만히 있게 된 경험. 모두 해 본 적 있으실 겁니다.

　저도 발표를 준비하기에 앞서 어떤 내용으로 채울지 제가 담당한 시간이 30분이면 300분, 1시간이면 10시간, 2시간이면 20시간…. 이렇게 10배 정도 길게 느껴지면서 부담감에 아이디어는 더 안 나오고 참 힘들었던 기억이 있습니다.

　뇌 과학적으로 그 이유가 있는데요. 정해진 일정에 맞춰 준비를 완료해야 한다는 심리적 압박으로 뇌에서 스트레스를 받게 되면 이성적인 사고를 담당하는 전전두엽의 활동이 저하되면서 마음이 급해지고 힘들수록 어떤 내용을 준비해야 하는지 생각은 더 나오지 않게 되는 것이죠.

이런 상황에서 조금 더 부담 없이 내용 준비 아이디어를 얻기 위해서는 평상시 준비가 많은 도움이 됩니다. 평상시 생활을 하다가 갑자기 좋은 생각이 떠오를 때가 있는데요, 시간이 지나면 바다에 휩쓸려 사라진 모래 위 글씨처럼 사라져버리는 경우가 대부분이죠. 그래서 반드시 바로 메모를 해 놓는 습관은 순간 떠오른 나의 생각들을 저장해 놓을 수 있는 방법이 됩니다. 그래서 저는 멀리 이동할 때는 가방에 수첩을 꼭 넣고 다니면서 쓰기도하고 휴대폰에 메모장을 수시로 사용하면서 생각난 이야기나 이미지를 남겨놓고 있습니다.

만약 발표 준비는 바로 시작해야 되는데 어떤 내용들로 흐름을 잡을지 혹은 청중이 원하는 것이 도대체 무엇인지 감이 잡히지 않는 답답하다면 서점 걷기를 추천드립니다.

서점에 들러서 꼭 원하는 책만 골라서 내용을 살펴보거나 구입해서 나오지 않고, 내가 준비해야 하는 분야의 코너와 관심 가는 코너를 천천히 돌면서 다양한 책의 디자인과 제목 그리고 현재 트렌드를 느끼며 떠오르는 생각을 정리해보고, 관심 가는 책을 들춰보다가 눈에 들어온 문장이나 단어 등도 소중하게 제 메모장에 남겨놓습니다.

또한 평소 영화나 시사프로그램 등 다양한 매체를 통해 정보들을 보면서 내가 몰랐던 새로운 사실이나 주변 사람들에게 알려주고 싶은 유용한 내용 등을 '○○프로그램 3회' 방송 정보와 함께 기록을 해 놓는 것도 매우 도움이 됩니다.

평소 이러한 준비 없이 갑자기 발등에 불이 떨어지고 발표 준비를 시작하게 되면 0에서 시작하는 막막함을 느끼게 되지만 앞에 말씀드린 내용들처럼 일상생활에서 알게 된 정보를 써 놓거나, 다양한 프로그램에서 나온 내용들 혹은 책에서 발견한 내용들이 하루 이틀 쌓여가다 보면 나중에 내가 발표 준비를 할 때 소중한 재료창고가 됩니다. 일단 마음의 부담감을 덜어주는 효과가 있을 뿐 아니라, 갖고 있는 정보 자체로도 도움이 되고, 더 나아가 그 정보들이 다른 생각들을 더 깊게 하는 시작이 되어 조금 더 빠르게 내가 원하는 내용들을 채워나가도록 중요한 역할을 해 줄 것입니다.

 **02. 뇌를 자극하여 풍성한 이야기 끌어내기**

· · · · ·

 발표 내용을 준비하면서 더욱 다양하게 풍성한 이야기를 내 안에서 끌어내고 싶다는 생각을 하게 됩니다. 잠시 머리를 감싸고 고민하다가 추가적으로 생각이 안 떠오르면 한숨과 함께 '저는 역시 아이디어가 없는 사람입니다. 지금 여기까지가 제 한계입니다.'라고 말씀하시는 분들도 계시는데요, 아이디어가 없는 사람과 뛰어난 사람이 정해져 있는 것이 아닙니다.
 뇌는 얼마든지 우리가 연습하는 방법과 양에 따라 더욱 많은 생각을 밖으로 끌어낼 수 있습니다.

 뇌를 자극하여 더 많은 아이디어를 만들 수 있는 첫 번째 방법은 이미지를 활용하는 것입니다.
 '비주얼 씽킹'은 글과 이미지를 함께 이용해서 생각한 것을 직관적으로 표현하거나 이해하는 것을 말하는데요, 예를 들어 새롭게 기획한 A 프로젝트에 대해 10분 정도 설득하는 발표를 하게 되었을 때 글로만 작성하거나 인터넷에서 찾은 정보만 순서대로 나열하는 것이 아니라 빈 종이에 내가 하고 싶은 말을 이미지로 간단하고 빠르게 표현하면서 한 장 한 장을 채워나가는 겁니다. A프로젝트가 우리에게 필요한 이유를 시작으로 하게 되었을 때 예상되는 이익, 진행하기 위한 구체적인 방법 등 어떤 내용으로 흘러갈지 이미지로 표현하며 전체를 구성하는 것이죠.

이렇게 그림문자 작업인 '비주얼 씽킹'을 통해서 문자 정보를 그림으로 변환하게 되고 이때 좌뇌와 우뇌가 협력을 하면서 뇌 신호 연결 신경세포인 '뉴런'이 활성화되어 문제해결능력과 처리 능력이 향상되는 것입니다.

다음 소개해드리는 방법은 '로직 트리(Logic Tree)'입니다.
'로직 트리'는 문제에 대한 원인이나 해결방안 등을 중복과 누락 없이 분류하여 논리적으로 분해하는 것인데요, 문제에 대한 원인이나 해결책을 더 효과적으로 한눈에 파악할 수 있고 구체화하며 가지가 뻗어 나가면서 내가 인지하지 못하고 있었던 생각들도 앞의 내용과 연결되어 밖으로 나오게 됩니다.
이때 중요한 것은 적는 내용들이 최대한 구체적이고 객관적으로 판단이 가능한 것들이어야 합니다. 예를 들어 '절약하기'라는 말 대신 '매달

100만 원 저금하기', '매출 증대'라는 말 대신 '매출 10% 증대'라고 적습니다.

<위 설명을 참고하여 나의 건강관리를 위한 주제를 정하고 로직트리 작업하기를 연습해볼까요?>

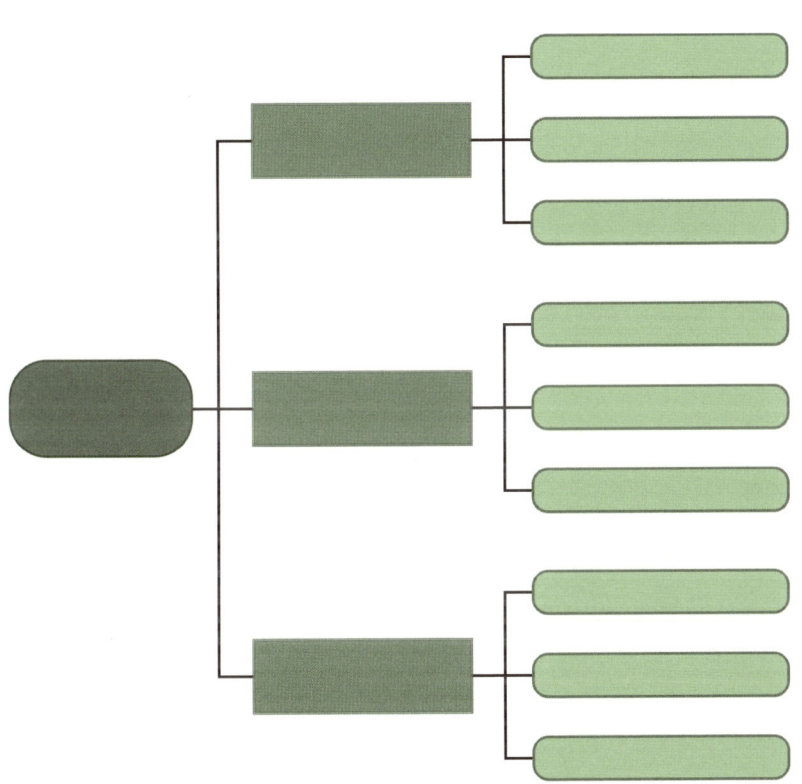

개인 발표가 아닌 조(팀) 발표로 다수가 함께 아이디어를 모으는 단계에서 아직 구체화된 부분이 없거나 어떤 내용들을 중점적으로 갈지, 어떤 소주제를 잡아야 하는지 시작 단계에서 이러한 어려움을 겪는다면 브레인스토밍으로 내용을 끌어내는 확산적 사고 과정을 갖고 수렴적 사고하기 작업을 거치는 것이 효과적입니다.

브레인스토밍 단계에서 서로의 의견에 대한 판단은 금물입니다. 판단의 말이 나오는 순간 타인의 눈치를 보게 되면서 생각이 멈추기 때문이죠. 이 세상 모든 아이디어는 의미가 있다는 것을 기억하면서 자유롭게 자신의 생각을 밖으로 꺼내는 분위기를 만듭니다. 방법은 큰 칠판이나 전지에 주제나 우리가 고민해야 할 단어를 적은 후 관련된 내용을 모든 참여자가 포스트잇에 마음껏 적어서 붙이도록 합니다.

다음은 여러 가지 대안들을 분석, 평가하여 가장 알맞은 해결책을 선택해가는 수렴적 사고를 하는데요. 비슷한 종류끼리 모아서 그룹을 분류합니다. 예를 들어 포스트잇에 적힌 내용들을 하나씩 살펴보며 4개 그룹을 만들었다면 4개 그룹에 맞는 제목을 각각 정해주고 만약 어디에도 속하지 않는 2개의 포스트잇이 있다면 기타 아이디어로 '파킹'을 해둡니다.

이렇게 확산적 사고와 수렴적 사고 두 가지 활동을 거치고 나면 어떻게 내용 구성을 해 나갈지 큰 그림이 완성됩니다. 그룹을 나눠 정리

후 조금 더 구체화된 내용을 끌어내고 싶다면 바로 앞에서 나온 '로직 트리' 작업을 다 같이 활용해서 추가 작업을 진행하는 것도 도움이 됩니다.

 **03. 논리적인 스피치 방법**

• • • • •

　만약 지금 내가 면접을 보는 자리에 서 있다면 나에 대해 어떤 말을 하시겠습니까? 어떻게 말해야 면접관들이 '나'라는 사람의 장점을 파악하고 많은 경쟁자 사이에서 '나'를 선택하게 될까요?

　똑같은 주제로 누군가를 설득할 때 사람의 성향마다 강조를 하는 부분도 달라지고 방식도 달라집니다.
　누군가의 말을 들으면 '어딘가 부족한데?'라고 생각이 들면서 고개를 갸우뚱하게 되고 반대로 어딘가에 빠져들듯이 집중하게 되면서 나도 모르게 고개를 적극적으로 끄덕이게 만드는 말도 있습니다. 그 차이는 과연 무엇일까요?

　논리적인 스피치를 위해 효과적인 방법 중 하나는 내가 준비한 내용을 PREP 기법에 맞게 말하는 것입니다.

먼저 P는 Point, 핵심 메시지입니다. 주제 혹은 내가 주장하는 말이 되겠죠.

다음은 앞에 말한 그 메시지에 대한 이유, Reason입니다. '왜냐하면 ~이기 때문입니다.'라고 주장에 대한 이유가 바로 나와야 설득이 시작될 수 있습니다.

이유를 들으면 상대방은 어떤 생각이 머리에 떠오를까요? 그 부분을 바로 해결해줘야 논리적인 스피치를 했다고 할 수 있죠.

바로 그 이유를 신뢰할 수 있도록 객관적인 근거나 실제 사례를 말해주는 Example 단계입니다. 주장에 대해서 이유를 말하고, 일방적인 주장이 아니고 믿을수 있는 근거에 의한 내용임을 알려주는 객관적인 근거나 사례까지 나오면서 상대방이 고개를 끄덕이게 되는 겁니다. 마지막으로는 다시 한번 중요한 내용을 잊지 않도록 처음에 말한 그 핵심 메시지가 나옵니다.

자기소개로 예를 들어보면 영철이와 미영이, 두 친구 중 누구의 말에 설득력이 있는지 판단해보시길 바랍니다.

첫 번째 순서 영철이는 "저는 목표완수자 김영철입니다. 왜냐하면 저는 항상 목표를 다이어리에 적어놓고 이룰 때까지 쉬지 않고 반복하여 이루어내기 때문입니다. 열심히 하겠습니다."

두 번째 순서 미영이는 "저는 목표완수자 김미영입니다. 왜냐하면 저는 항상 목표를 다이어리에 적어놓고 이룰 때까지 쉬지 않고 반복하여 이루어내기 때문입니다. (다이어리를 직접 보여주며) 여기에 보시면 1년 동안 적은 저의 목표 3가지가 있습니다. 토익 점수 0점을 위해 3개월 동안 새벽마다 영어 공부를 하며 노력한 끝에 (실제 성적표) 0점을 받았고, 디자인 대회에서 상을 타기 위해 노력한 끝에 지난달에 00상을 받았습니다. 이번 저의 목표는 귀사의 구성원이 되어 선배님들께 열심히 배워서 00의 디자인 경쟁력을 높이는 직원이 되는 것입니다. 목표완수자 김미영입니다. 끝없는 노력으로 반드시 회사에 중요한 역할을 해낼 것을 약속드립니다."

　미영이의 자기소개에 더 신뢰감이 갑니다. 바로 PREP 기법으로 논리를 갖추었기 때문인데요, 이 기법 흐름대로 내용을 채워서 나의 스피치에 논리를 한층 더 높여보시기를 바랍니다.

PREP기법 연습

<주제: >

셀프 작성표

Point 핵심 메시지	
Reason 이유	
Example 객관적 근거, 사례	
Point 핵심 메시지	

 **04. 스피치에 설득력 더하기**

• • • • •

설득이란 무엇일까요? 국어사전에서 설득이라는 단어의 뜻을 찾아보면 '상대편이 이쪽 편의 이야기를 따르도록 여러 가지로 깨우쳐 말함.'이라고 합니다.

발표의 자리에서 나의 의견 혹은 내가 준비한 발표에 조금 더 설득력을 높일 수 있는 간단한 방법 3가지가 있는데요, 평상시 1:1 대화에서도 활용해보시면 좋겠습니다.

〈비교〉

많은 글에서 강조하고자 하는 부분에 어떤 방법을 사용하죠? 해당 문장에 형광펜을 칠해서 잘 보이게 만듭니다. 그러면 나중에 책을 폈을 때 아무리 문장의 수가 많아도 강조하는 부분이 잘 보이는데요, 스피치에서 강조하고 싶은 부분, 설득의 흐름에서 힘을 주고 싶은 부분에 '비교'를 활용하는 방법이 있습니다.

예를 들어 'A는 B니까요.'라고 하기보다 'A는 C가 아니라 B니까요.'라고 비교 대상을 넣어서 밋밋하게 흘러가는 부분에서 한 번 더 깊이 생각해보면서 고개를 끄덕이게 되는 겁니다. '우리 회사에 A기술은 많은 도움이 될 것입니다.'보다 'A기술이 없는 우리는 ~한 불편이 있었지만, 오늘부터 우리는 A기술로 인해 ~한 변화를 만났고 큰 성장을 만들어갈 것입니다.'라고 이야기하는 겁니다. 이렇게 A기술이 없던 과거와 A기술 덕분에 긍정적인 변화를 맞이하게 되는 미래를 그리며 비교로 인해 그 가치를 더 크게 느낄 수 있도록 하여 설득력을 높이게 되는 것입니다.

〈숫자〉

누군가가 내 앞에서 자신이 판매해야 하는 상품을 열심히 소개하는 상황이라고 상상해 봅시다. 이때 듣는 사람 입장에서는 중간 중간 어떤 생각을 하게 될까요?

'그 말 진짜인가요? 믿을 수 있나요?' 상대방 말을 믿을 수 있는 근거가 있는 내용인지 궁금증을 갖게 되고 궁금증이 풀리지 않고 쌓여간다면 아무리 말을 잘하는 사람이라고 해도 그 말에 설득되지 않겠죠.

상대방에게 신뢰를 주는 말은 빠르게 말의 설득력으로 연결이 되는데요, 그렇기 때문에 우리 뇌가 믿을 수 있도록 도와주는 '숫자'를 활용하여 말을 하게 되면 효과적입니다.

예를 들어 '가입자 수가 작년보다 많이 증가했습니다.'보다 '가입자 수가 작년 대비 20% 증가했습니다.'라는 말에 더 집중됩니다. 증가나 감소 수치뿐 아니라 시기를 말하는 경우도 있는데요 '저번에도 이 행사를 했습니다.'보다 '작년 5월에도 이 행사를 했습니다.' 어떤가요? 숫자가 있고 없음의 차이가 크게 느껴지시나요?

〈질문〉

상대방이 나에게 답을 정해서 말해준 내용과 나 자신이 답을 찾고 결론을 내린 내용, 두 가지 중 어디에 더 신뢰가 가고 그 내용대로 따르게 될까요?

설득력을 높이기 위한 방법 중 하나는 스피치 마지막 부분에 내가 강조하고 싶은 내용을 다시 한번 정리, 강조하는 과정에서 질문하는 것입니다.

예를 들어 '건강을 위해 매일 운동해야 합니다.'라는 내용으로 10분 스피치로 운동의 효과와 방법 등을 소개하고 마지막에 '건강을 위해서 매일 운동합시다.'라고 끝내는 것보다 강조 내용들을 정리하면서 '한 번 잃으면 다시 찾기 어려운 것 중 하나라는 말 많이 들어보셨죠? 오늘 나를 위한 노력이 내일의 나를 만듭니다. 나를 위해서 당신은 오늘 어떤 것을 하고 계신가요?' 이런식으로 '아, 내가 나를 위해서 운동을 꾸준히 해야겠구나….'라고 속으로 깨닫고 다짐할 수 있는 스스로 생각해보는 질문을 던지는 것이죠.

설득력을 높여야 한다고 생각할 때 설득이라는 단어에서부터 겁을 먹고 '어려운 것, 말을 굉장히 잘하는 사람만 가능한 것, 사람의 심리를 꿰뚫고 있는 사람만 가능한 것.'이라고 하는 분들이 많은데요 나와 다른 존재가 아닌 나와 똑같은 사람을 설득하는 것이기에 부담을 가지실 필요가 없습니다.

자신감을 갖고 앞에서 보신 비교기법, 숫자 넣기, 질문하기 이 세 가지 방법만 활용해 보셔도 굉장히 간단하면서도 효과적으로 내가 전달하고자 하는 내용이 강력하게 전해지고 설득력도 올라갈 수 있습니다.

05. 마음을 움직이는 가장 큰 힘, 공감

• • • • •

감성과 이성 중 사람의 결정은 평균적으로 어떤 작용에 영향을 더 크게 받을까요?

『끌리는 말투에는 비밀이 있다』라는 책에는 이런 내용이 있습니다. 결정의 90퍼센트는 감성에 근거한다는 것인데요, 감성을 동기로 작용한 다음 자신의 행동을 정당화하기 위해 논리를 적용한다고 합니다. 그래서 설득을 시도하려면 감성을 지배해야만 한다는 것이죠.

친구들과 대화를 하는 순간들을 떠올려 봅시다. 그리고 나의 기억에 남아 있는 광고들을 떠올려 봅시다. 어떨 때 나의 마음이 움직였나요?

이성적인 정보가 나열된 말보다 공감이 되어 웃음이 나오거나 눈물이 핑 돌거나 나의 감정을 강하게 흔들었을 때 우리는 그 순간이 기억에 오래 남게 되고 말하는 사람의 의견에 자연스레 하나가 되는 경우가 많죠.

바로 진심이 담긴 말, 그리고 '나도 당신이 말한 그 상황을 알아요. 나도 그 느낌, 그 감정을 잘 알아요. 이해합니다.' 이렇게 말하는 사람의 그 감정을 같이 느낄 수 있는 공감은 마음을 움직이는 굉장히 큰 힘을 발휘합니다.

2011년 MBC에서 방영한 '아나운서 공개채용 신입사원'이라는 프로그램에서 아나운서가 되기 위한 치열한 경쟁을 하며 참가자들이 토너먼트 방식으로 진행이 되었는데요, 자신을 소개하는 말을 하는 자리에서 굉장히 많은 사람의 기억에 남는 말을 한 참가자가 있습니다.

"제 어머니께서는 사고로 양쪽 고막을 잃으셨습니다. 청력을 거의 상실하고, 보청기에 의지하여 사십니다. 그래서 저는 어릴 적부터 큰 목소리로 또박또박 말하는 습관이 생겼습니다.
　지금까지는 어머니를 위한 소통의 창이었지만, 앞으로는 국민 모두의 소통의 창이 되고 싶습니다."

이 소개는 많은 사람들의 마음에 울림을 남기면서 호평을 얻었습니다. 어디선가 들어봤을 법한 멋진 말들로 포장한 자기소개가 아닌 자신의 이야기를 솔직하게 담아내어 내용 속 참가자의 감정에 하나가 되는 공감을 느끼면서 더욱 기억에 남고 마음이 움직이게 되는 것이죠.

그동안 열심히 살아오면서 기쁜 일, 슬픈 일, 속상한 일 등 다양한 상황과 감정들을 경험하셨을 겁니다. 스피치 수업을 진행하면서 가끔 자신이 겪은 이야기를 자유롭게 말해보는 시간을 갖는데요, 간혹 고개를 숙이시면서 '저는 내세울 것이 없어요. 사람들 앞에 말할 만큼 대단한 경험이 하나도 없거든요.'라고 말씀하시는 분이 계십니다.

『마음가면』의 저자 휴스턴대학교 브레네 브라운 교수는 "언젠가 당신이 지금 겪고 있는 일을 어떻게 이겨냈는지에 대한 당신의 이야기를 하게 될 것이고, 그것은 다른 누군가의 생존 가이드의 일부가 될 것입니다."라고 말합니다.

저도 개인적으로 굉장히 좋아하는 말인데요, 나의 노력과 눈물 그리고 정성이 들어간 순간들이 모여 시간이 흘러 과거가 되고 지금이 현재진행형으로 이어져가고 있습니다. 이렇게 내가 살아낸 시간과 경험이라는 그 자체만으로도 굉장히 소중한 의미가 있다는 것을 꼭 기억해주시면 좋겠습니다.

당신의 이야기가 궁금합니다. 많은 사람들에게 당신의 다양한 경험들, 열심히 살아가고 있는 이야기를 들려주세요.

<들려주고 싶은 당신의 소중한 이야기(1)>

설프 작성표

<들려주고 싶은 당신의 소중한 이야기(2)>

셀프 작성표

당신만의 수많은 경험과 깨달음,
당신만의 기발한 아이디어,
당신만의 노력해온 분야,
당신만의 진심이 담긴 마음,
당신만의 매력이 느껴지는 표정과 제스처 그리고 목소리…

이미 자신이 가지고 있는 소중한 것들을 발견하고 스피치로 이끌어내는
시간이 되셨길 바랍니다.

당신의 모든 순간을 진심으로 응원합니다.